L'écologie

Algue rouge

Seiche

Appareil de contrôle
de la qualité de l'eau

Étoile-de-mer

Cloportes

Faucon
émerillon

Entonnoir
de Tullgren

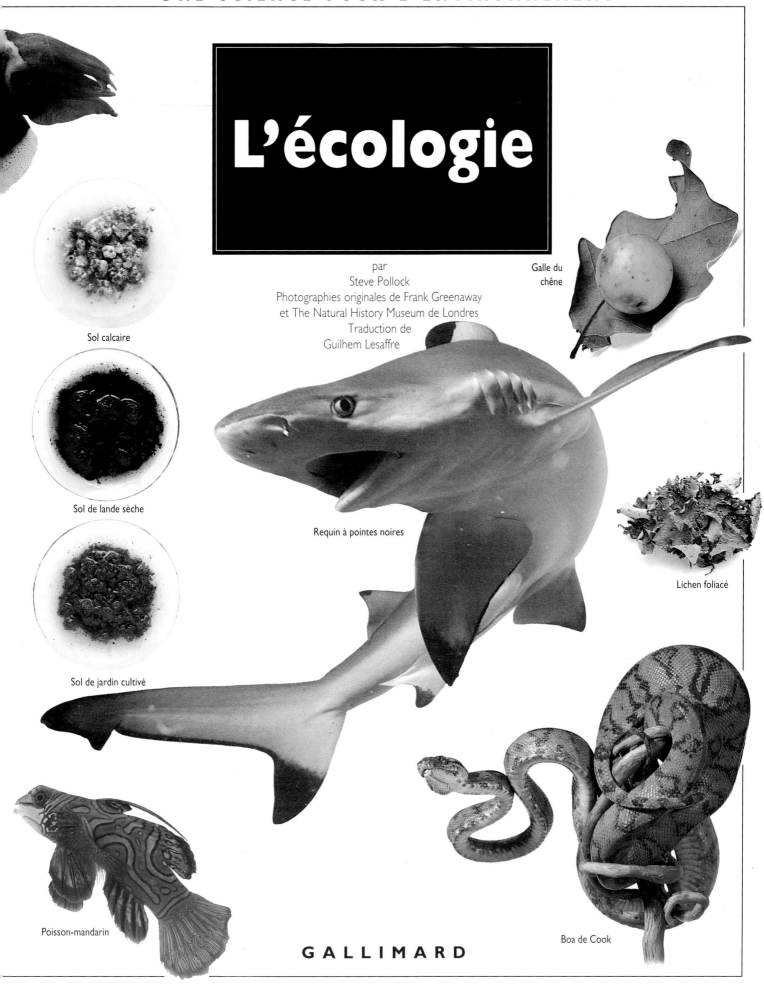

L'écologie

par
Steve Pollock
Photographies originales de Frank Greenaway
et The Natural History Museum de Londres
Traduction de
Guilhem Lesaffre

Sol calcaire

Sol de lande sèche

Sol de jardin cultivé

Galle du chêne

Requin à pointes noires

Lichen foliacé

Poisson-mandarin

Boa de Cook

GALLIMARD

Aiguillettes

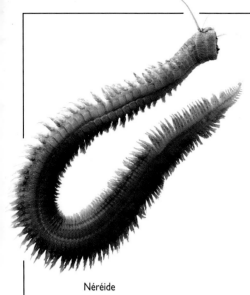

Néréide

UN OUTIL POUR TOUTE LA FAMILLE

Pour encourager le lecteur à observer le monde
qui l'entoure, pour répondre aux nombreux pourquoi
et comment de la vie quotidienne ou aux grandes
interrogations de l'Univers, voici une encyclopédie
scientifique accessible à tous, grâce à son attrait visuel
et à sa simplicité. *L'écologie* est un livre
que l'on prendra l'habitude de consulter en famille
et qui, alliant la fascination de l'image à la sérénité
de la lecture, permettra, à tous les âges,
de redécouvrir le plaisir de comprendre.

UNE SOURCE DE RÉFÉRENCES, D'EXPÉRIENCES ET D'INSPIRATION POUR LES ÉLÈVES ET POUR LES ENSEIGNANTS

Pour l'école, le collège ou le lycée, dans le cadre
des programmes d'enseignement, cet ouvrage
présente quantité d'exemples et
d'expériences, majeures ou moins connues,
qui expliqueront et illustreront de façon
vivante et active l'histoire et les principes
de la science. Il aborde la connaissance
en fertilisant l'imagination, facilitant ainsi le travail
de la mémoire, et permet de passer tout
naturellement du concret à l'abstrait.

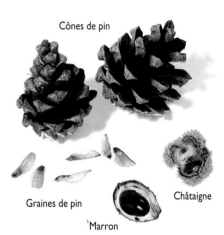

Cônes de pin

Graines de pin

Châtaigne

Marron

Culture de levure

Labre

Araignée-loup

Campagnol

Direction éditoriale et artistique

Responsables éditoriaux :
Josephine Buchanan et Ian Whitelaw
Responsables artistiques : Lynne Brown et Val Cunliffe
Maquettiste : Helen Diplock
Responsable de la fabrication : Louise Daly
Iconographie : Catherine O'Rourke
Conseiller : David Harper,
University of Sussex

Édition originale parue sous le titre :
Eyewitness Science Guide "Ecology"

Pour l'édition française :
ISBN 2-07-058343-0
Copyright © 1994 Éditions Gallimard, Paris
« Loi n° 49-956 du 16 juillet 1949
sur les publications destinées à la jeunesse »
Dépôt légal : avril 1994.
Numéro d'édition : 66527

Bombe calorimétrique

Guêpe fouisseuse
capturant une
mouche

Imprimé à Singapour

Sommaire

Plantes, champignons et graines
sur le sol d'une forêt de feuillus

Il est impossible à un être vivant ou à un groupe d'êtres vivants de vivre isolément. Pour subsister, animaux et plantes ont besoin de l'énergie et des matériaux présents dans leur environnement, et l'existence de chacune de ces formes de vie – les espèces – conditionne celle d'autres espèces. L'écologie est l'étude de ces relations entre les êtres vivants, tant au sein des espèces qu'entre les différentes espèces, et des interactions entre les êtres vivants et leur environnement. Les hommes ont depuis toujours étudié les êtres vivants dans leur environnement naturel, que ce soit pour chasser ou récolter des aliments, mais l'écologie en tant que discipline scientifique est assez récente. Les écologues étudient les espèces dans leur contexte naturel et cet environnement physique à travers la composition des roches, du sol, de l'air et de l'eau. Ces données peuvent servir à déterminer des modèles et des tendances dont certains sont susceptibles d'être vérifiés en laboratoire.

Les principes de la vie

Tous les organismes dépendent de facteurs liés à l'environnement. Ce sont la lumière, la température, les substances nutritives qui permettent la croissance des plantes et des animaux et, surtout, l'eau. Dans un milieu artificiel comme un jardin, tous ces éléments doivent être disponibles afin de garantir la croissance des plantes.

L'écologie en herbe

Un jardin est une image en réduction de la vie à la surface du globe. Roches et sol, pluie et vent, animaux et plantes y cohabitent, chacun influant sur les autres directement ou indirectement et entraînant l'évolution progressive du paysage. La plante tire du sol les sels minéraux, fleurit et produit des graines. La souris mange les graines puis se fait capturer par le chat. La plante meurt et se met à pourrir. Le ver mange les végétaux en décomposition et restitue au sol des sels minéraux. L'écologie est l'étude de ces diverses relations entre les plantes, les animaux et les composants inertes de l'environnement.

L'union fait la force

Il est très rare que les êtres vivants vivent en solitaires. On les trouve plutôt en groupes où existent des rapports entre individus comme chez ces cloportes. Les membres d'une même population luttent entre eux pour se nourrir ou s'abriter. Par ailleurs, ils se reproduisent pour créer d'autres générations et assurer la continuité de la population confrontée à des modifications saisonnières ou à plus long terme. Les études sur des populations données mobilisent de nombreux chercheurs.

Algues

Bruyère

Plante à fleurs

Chat (prédateur)

Pierre couverte de lichens

Le sol fournit aux plantes les éléments pour leur croissance.

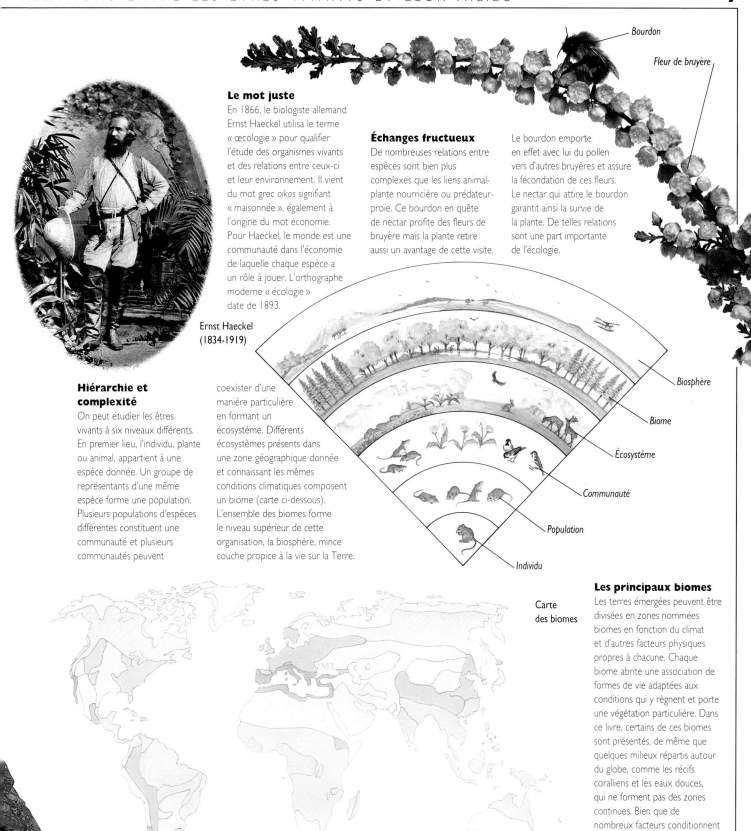

Bourdon

Fleur de bruyère

Le mot juste

En 1866, le biologiste allemand Ernst Haeckel utilisa le terme « œcologie » pour qualifier l'étude des organismes vivants et des relations entre ceux-ci et leur environnement. Il vient du mot grec *oikos* signifiant « maisonnée », également à l'origine du mot économie. Pour Haeckel, le monde est une communauté dans l'économie de laquelle chaque espèce a un rôle à jouer. L'orthographe moderne « écologie » date de 1893.

Ernst Haeckel (1834-1919)

Échanges fructueux

De nombreuses relations entre espèces sont bien plus complexes que les liens animal-plante nourricière ou prédateur-proie. Ce bourdon en quête de nectar profite des fleurs de bruyère mais la plante retire aussi un avantage de cette visite.

Le bourdon emporte en effet avec lui du pollen vers d'autres bruyères et assure la fécondation de ces fleurs. Le nectar qui attire le bourdon garantit ainsi la survie de la plante. De telles relations sont une part importante de l'écologie.

Hiérarchie et complexité

On peut étudier les êtres vivants à six niveaux différents. En premier lieu, l'individu, plante ou animal, appartient à une espèce donnée. Un groupe de représentants d'une même espèce forme une population. Plusieurs populations d'espèces différentes constituent une communauté et plusieurs communautés peuvent coexister d'une manière particulière en formant un écosystème. Différents écosystèmes présents dans une zone géographique donnée et connaissant les mêmes conditions climatiques composent un biome (carte ci-dessous). L'ensemble des biomes forme le niveau supérieur de cette organisation, la biosphère, mince couche propice à la vie sur la Terre.

Biosphère

Biome

Écosystème

Communauté

Population

Individu

Les principaux biomes

Carte des biomes

Les terres émergées peuvent être divisées en zones nommées biomes en fonction du climat et d'autres facteurs physiques propres à chacune. Chaque biome abrite une association de formes de vie adaptées aux conditions qui y règnent et porte une végétation particulière. Dans ce livre, certains de ces biomes sont présentés, de même que quelques milieux répartis autour du globe, comme les récifs coralliens et les eaux douces, qui ne forment pas des zones continues. Bien que de nombreux facteurs conditionnent la localisation des biomes, cette carte montre que la latitude – ou distance par rapport à l'équateur – est un paramètre déterminant.

Souris (proie)

◯ Toundra
◯ Forêt tempérée
◯ Savane
◯ Prairie tempérée
◯ Forêt pluviale tempérée

◯ Forêt boréale
◯ Désert
◯ Forêt pluviale tropicale
◯ Montagne
◯ Maquis

Les végétaux sont dits autotrophes car ils créent leur propre nourriture. Ils utilisent des pigments comme la chlorophylle – qui donne aux feuilles leur couleur verte – pour capter l'énergie lumineuse qu'ils transforment ensuite en énergie chimique emmagasinée, apte à assurer leur processus vital. Cette opération en deux étapes se nomme photosynthèse. Pour les écologues, les végétaux sont des producteurs car ils fabriquent de la matière vivante (organique) à partir de matière inerte (inorganique). La quantité d'énergie emmagasinée par les végétaux est appelée la productivité primaire nette de l'écosystème. Seule une minuscule partie de l'énergie issue du Soleil et atteignant notre planète est mise à profit pour élaborer de la matière végétale. La moitié est absorbée par l'atmosphère. Un quart seulement du reste est de la longueur d'onde convenant à la photosynthèse et une très faible part de cette fraction devient en fait du végétal. Toute l'énergie pénétrant dans un écosystème repart dans l'atmosphère sous forme de chaleur.

Fleurs printanières

Toutes les plantes ont besoin de lumière. La jacinthe des bois (à gauche) croît et fleurit avant que les feuilles des arbres cachent le soleil.

Grands déficits

Dans une prairie, environ 0,4 % du rayonnement solaire total se transforme en productivité primaire nette. Dans une forêt on atteint 1 %, mais dans l'océan la proportion peut ne pas dépasser 0,01 %.

Une mosaïque de feuilles

Par leur forme et leur agencement, les feuilles sont adaptées à la réception de la lumière. La plupart des feuilles sont larges pour offrir à la lumière la plus grande surface possible. La paroi externe de la feuille, ou cuticule, est souvent mate plutôt que brillante afin de réduire la part de lumière réfléchie. Chez de nombreux végétaux, les feuilles sont disposées à la façon d'une mosaïque présentant à la lumière une surface à peu près continue. À l'inverse, les feuilles de certaines plantes exposées à une lumière intense, comme les eucalyptus australiens, pendent afin d'offrir le moins de surface au soleil de midi et de réduire la déperdition d'eau.

Malgré les progrès en matière d'énergie solaire, la science est loin de pouvoir reproduire la photosynthèse.

Énergie solaire

Ce véhicule est recouvert de panneaux solaires convertissant l'énergie solaire en énergie électrique. Cette dernière sert à alimenter un moteur électrique qui assure la propulsion du véhicule.

La productivité primaire

Les biomes (p. 7) stockent l'énergie, sous forme de matière végétale, de façon variable. Ce tableau indique, en kilojoules par mètre carré, la production primaire nette annuelle moyenne des principaux biomes, des moins productifs (les déserts) aux plus productifs (les forêts pluviales tropicales).

BIOMES	PRODUCTION
Déserts, roches et glaces	60
Végétation désertique	1 320
Cultures vivrières	1 528
Océans	1 420
Toundras et landes sèches	2 650
Plates-formes continentales	6 620
Prairies tempérées	9 240
Lacs et cours d'eau	9 450
Forêts tempérées et maquis	11 340
Cultures industrielles	12 290
Forêts boréales de conifères	13 100
Savanes tropicales	13 440
Forêts tempérées de feuillus	22 210
Marais tropicaux	35 280
Estuaires tropicaux	35 280
Forêts pluviales tropicales	36 160

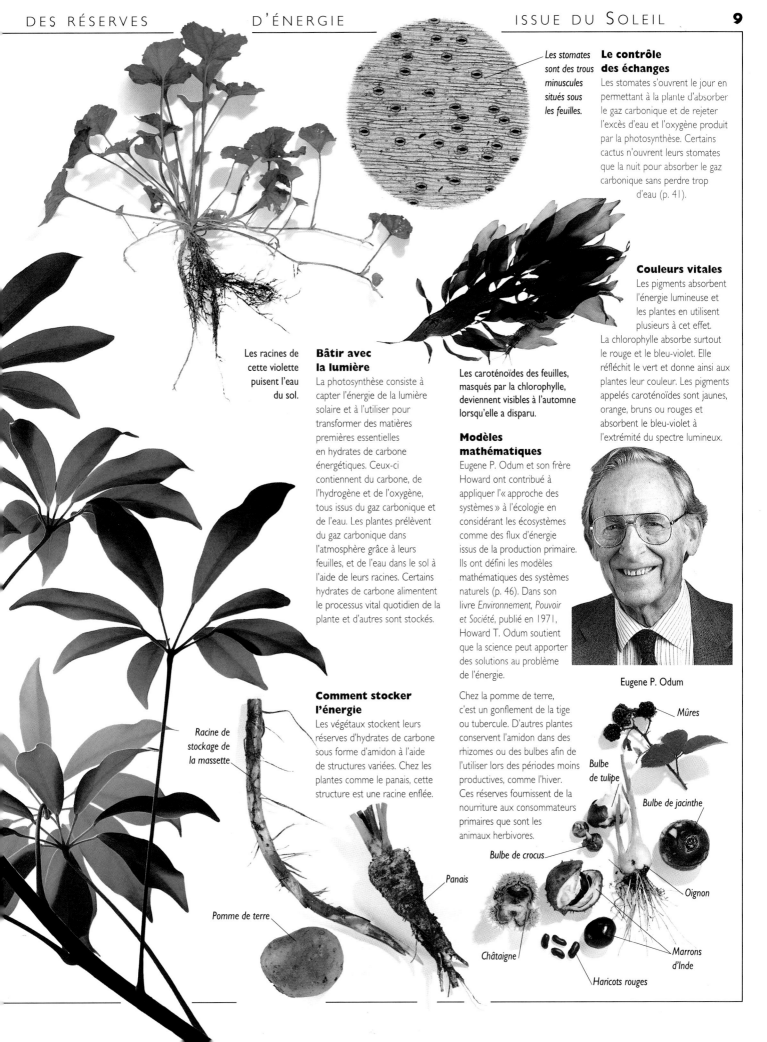

Les stomates sont des trous minuscules situés sous les feuilles.

Le contrôle des échanges

Les stomates s'ouvrent le jour en permettant à la plante d'absorber le gaz carbonique et de rejeter l'excès d'eau et l'oxygène produit par la photosynthèse. Certains cactus n'ouvrent leurs stomates que la nuit pour absorber le gaz carbonique sans perdre trop d'eau (p. 41).

Couleurs vitales

Les pigments absorbent l'énergie lumineuse et les plantes en utilisent plusieurs à cet effet. La chlorophylle absorbe surtout le rouge et le bleu-violet. Elle réfléchit le vert et donne ainsi aux plantes leur couleur. Les pigments appelés caroténoïdes sont jaunes, orange, bruns ou rouges et absorbent le bleu-violet à l'extrémité du spectre lumineux.

Les racines de cette violette puisent l'eau du sol.

Bâtir avec la lumière

La photosynthèse consiste à capter l'énergie de la lumière solaire et à l'utiliser pour transformer des matières premières essentielles en hydrates de carbone énergétiques. Ceux-ci contiennent du carbone, de l'hydrogène et de l'oxygène, tous issus du gaz carbonique et de l'eau. Les plantes prélèvent du gaz carbonique dans l'atmosphère grâce à leurs feuilles, et de l'eau dans le sol à l'aide de leurs racines. Certains hydrates de carbone alimentent le processus vital quotidien de la plante et d'autres sont stockés.

Les caroténoïdes des feuilles, masqués par la chlorophylle, deviennent visibles à l'automne lorsqu'elle a disparu.

Modèles mathématiques

Eugene P. Odum et son frère Howard ont contribué à appliquer l'« approche des systèmes » à l'écologie en considérant les écosystèmes comme des flux d'énergie issus de la production primaire. Ils ont défini les modèles mathématiques des systèmes naturels (p. 46). Dans son livre *Environnement, Pouvoir et Société*, publié en 1971, Howard T. Odum soutient que la science peut apporter des solutions au problème de l'énergie.

Eugene P. Odum

Comment stocker l'énergie

Les végétaux stockent leurs réserves d'hydrates de carbone sous forme d'amidon à l'aide de structures variées. Chez les plantes comme le panais, cette structure est une racine enflée.

Chez la pomme de terre, c'est un gonflement de la tige ou tubercule. D'autres plantes conservent l'amidon dans des rhizomes ou des bulbes afin de l'utiliser lors des périodes moins productives, comme l'hiver. Ces réserves fournissent de la nourriture aux consommateurs primaires que sont les animaux herbivores.

Racine de stockage de la massette

Pomme de terre

Panais

Mûres

Bulbe de tulipe

Bulbe de jacinthe

Bulbe de crocus

Oignon

Châtaigne

Marrons d'Inde

Haricots rouges

Dans tout écosystème, l'énergie est absorbée et stockée par les végétaux – les producteurs primaires. Une partie de cette énergie est transmise aux animaux herbivores – les consommateurs primaires. Les animaux qui mangent d'autres animaux sont des consommateurs secondaires car ils bénéficient de l'énergie des végétaux par l'intermédiaire des consommateurs primaires. Les consommateurs secondaires sont parfois mangés par d'autres prédateurs – les consommateurs tertiaires. Chacun de ces stades est appelé niveau trophique. À chaque niveau, une partie de l'énergie est transmise au niveau supérieur où elle est stockée sous forme de matière végétale ou de chair, mais de l'énergie est toujours perdue lors du passage d'un niveau à l'autre.

Pyramide trophique d'un milieu boisé

Chouette hulotte – prédateur supérieur

Très jeune belette

Belette juvénile

La pyramide trophique

Les niveaux trophiques d'un écosystème donné peuvent être représentés comme une pyramide. Le nombre des niveaux est variable mais, comme l'énergie est limitée et qu'elle diminue à chaque niveau, il peut rarement y en avoir plus de six. Dans cette pyramide, la chouette est le prédateur supérieur.

Elle est à la fois un consommateur secondaire en se nourrissant de petits rongeurs, et un consommateur tertiaire car elle capture aussi des belettes qui mangent les rongeurs. Ceux-ci sont des consommateurs primaires qui se nourrissent de matière végétale sous forme d'herbe, de graines et de baies.

La biomasse

La biomasse de ce milieu boisé correspond à la masse totale de matière vivante, animale et végétale, qu'il accueille.

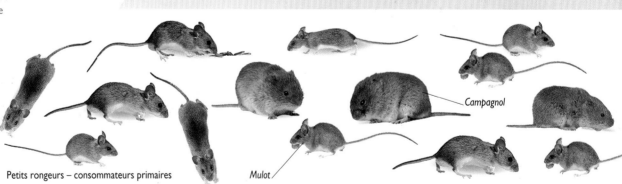

Belettes – consommateurs secondaires

Campagnol

Petits rongeurs – consommateurs primaires

Mulot

Végétaux – producteurs primaires

Graines

Épi de graminée

Bombe calorimétrique

Afin de savoir ce que devient l'énergie dans un écosystème, il faut déterminer la quantité d'énergie de chaque niveau trophique.

La mesure de l'énergie

En plaçant un organisme comme une plante dans une bombe calorimétrique et en le brûlant rapidement, on peut calculer quelle quantité de chaleur il produit – sa valeur calorifique. Celle-ci est alors multipliée par le nombre ou le poids supposés des organismes pour donner la quantité totale d'énergie du niveau trophique considéré.

LE RENDEMENT DE L'ÉNERGIE

L'énergie diminue toujours lors du passage d'un niveau trophique à l'autre. La quantité initiale d'énergie stockée par les producteurs primaires se réduit donc rapidement et très peu de cette énergie atteint le niveau ultime. À chaque niveau, les organismes stockent l'énergie dans leur corps mais en utilisent aussi pour vivre, et cette énergie se perd dans l'atmosphère sous forme de chaleur. L'énergie ne peut jamais être recyclée dans un écosystème, seules les matières premières le sont (p. 14).

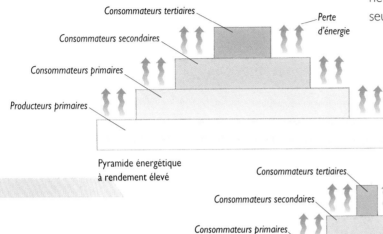

Consommateurs tertiaires

Consommateurs secondaires

Perte d'énergie

Consommateurs primaires

Producteurs primaires

Pyramide énergétique à rendement élevé

Consommateurs tertiaires

Consommateurs secondaires

Consommateurs primaires

Producteurs primaires

Pyramide énergétique à faible rendement

Pyramides énergétiques

Puisque l'énergie diminue d'un niveau trophique à l'autre, la quantité décroissante d'énergie des différents niveaux peut être figurée comme une pyramide. L'énergie se transmet mieux dans la pyramide du haut, notamment des producteurs primaires aux consommateurs primaires. La transmission de l'énergie est meilleure sur un rivage marin que dans une forêt car la matière végétale de cette dernière est du bois peu aisément consommable par les animaux. Sur le rivage, la perte est moindre car la matière végétale est plus facilement assimilable et l'énergie plus efficacement transmise au niveau supérieur.

Très jeune belette

Mulot

Campagnol

Baies

Herbes

Le haut du pavé ?

Cette lionne semble bien pourvue mais tous les prédateurs sont en fait à la merci de leurs proies. Les bonnes années, des proies abondantes ravitailleront des prédateurs nombreux.

Quand les proies se raréfient, l'énergie est insuffisante pour satisfaire les besoins des prédateurs du niveau supérieur dont les effectifs décroissent alors. Comme l'énergie diminue toujours d'un niveau à l'autre, les prédateurs doivent toujours être moins nombreux que leurs proies. Seul l'être humain a pu échapper à cette loi en maîtrisant l'environnement et en disposant de ressources énergétiques accrues pour assurer sa croissance démographique (p. 59).

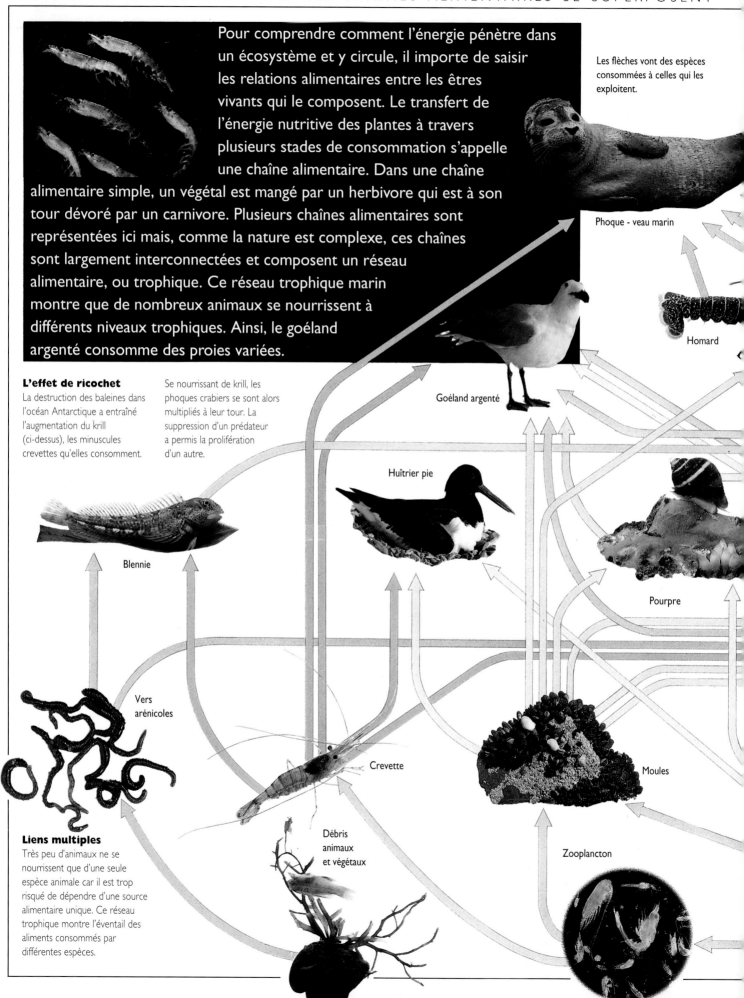

Pour comprendre comment l'énergie pénètre dans un écosystème et y circule, il importe de saisir les relations alimentaires entre les êtres vivants qui le composent. Le transfert de l'énergie nutritive des plantes à travers plusieurs stades de consommation s'appelle une chaîne alimentaire. Dans une chaîne alimentaire simple, un végétal est mangé par un herbivore qui est à son tour dévoré par un carnivore. Plusieurs chaînes alimentaires sont représentées ici mais, comme la nature est complexe, ces chaînes sont largement interconnectées et composent un réseau alimentaire, ou trophique. Ce réseau trophique marin montre que de nombreux animaux se nourrissent à différents niveaux trophiques. Ainsi, le goéland argenté consomme des proies variées.

Les flèches vont des espèces consommées à celles qui les exploitent.

Phoque - veau marin

L'effet de ricochet
La destruction des baleines dans l'océan Antarctique a entraîné l'augmentation du krill (ci-dessus), les minuscules crevettes qu'elles consomment.

Se nourrissant de krill, les phoques crabiers se sont alors multipliés à leur tour. La suppression d'un prédateur a permis la prolifération d'un autre.

Goéland argenté

Homard

Huîtrier pie

Blennie

Pourpre

Vers arénicoles

Crevette

Moules

Liens multiples
Très peu d'animaux ne se nourrissent que d'une seule espèce animale car il est trop risqué de dépendre d'une source alimentaire unique. Ce réseau trophique montre l'éventail des aliments consommés par différentes espèces.

Débris animaux et végétaux

Zooplancton

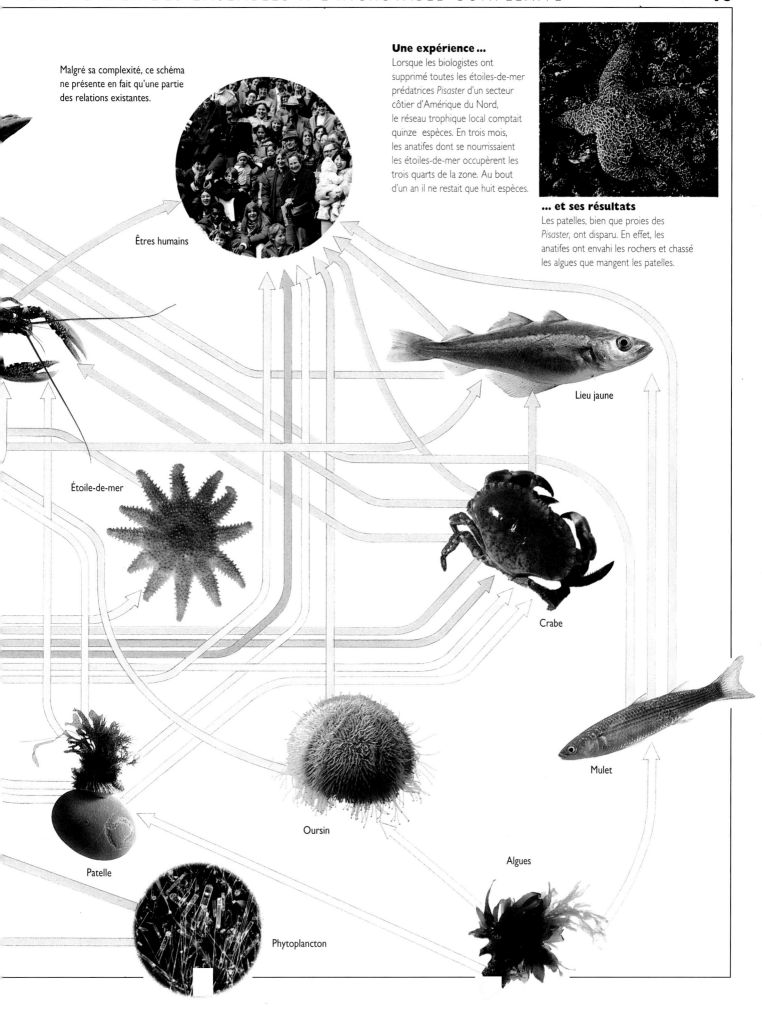

Malgré sa complexité, ce schéma ne présente en fait qu'une partie des relations existantes.

Une expérience ...

Lorsque les biologistes ont supprimé toutes étoiles-de-mer prédatrices *Pisaster* d'un secteur côtier d'Amérique du Nord, le réseau trophique local comptait quinze espèces. En trois mois, les anatifes dont se nourrissaient les étoiles-de-mer occupèrent les trois quarts de la zone. Au bout d'un an il ne restait que huit espèces.

... et ses résultats

Les patelles, bien que proies des *Pisaster*, ont disparu. En effet, les anatifes ont envahi les rochers et chassé les algues que mangent les patelles.

Êtres humains

Lieu jaune

Étoile-de-mer

Crabe

Mulet

Patelle

Oursin

Algues

Phytoplancton

Limaces et escargots

Limaces et escargots se nourrissent de végétaux vivants, comme le savent bien les jardiniers, mais consomment aussi une forte proportion de plantes en décomposition. Ils grignotent les fibres avec leur « langue » râpeuse, la radula, qui broie la matière végétale et en permet l'absorption. Limaces et escargots produisent la cellulase, une enzyme permettant la digestion de la cellulose, composant principal de tout végétal. Leurs excréments sont ainsi rendus assimilables par les champignons et les bactéries. Certaines espèces de limaces apprécient particulièrement les excréments d'animaux et consomment même des crottes de chien.

Vers une nouvelle vie

Sans le gaz carbonique généré par la décomposition, tous les végétaux disparaîtraient. Et sans l'oxygène que les végétaux produisent, sans la matière nutritive qu'ils procurent, le processus vital cesserait et tous les animaux mourraient de faim.

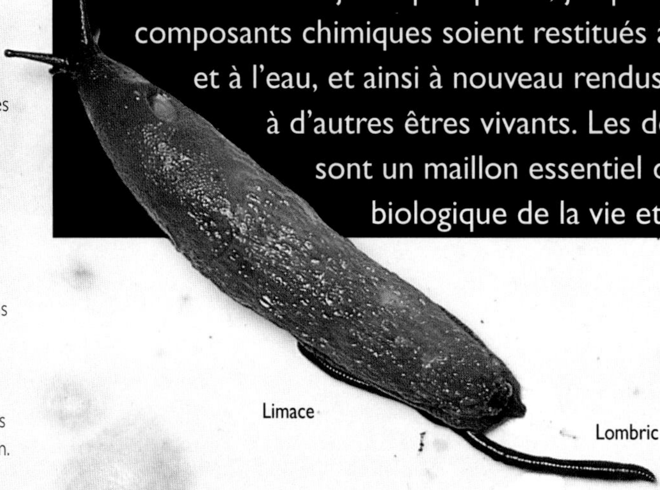

Des morceaux coriaces

Les débris végétaux, telles les branchettes ci-dessous, sont pour l'essentiel constitués de cellulose. Les pages de ce livre sont surtout faites de fibres de cellulose issues de végétaux, en général des arbres. Comme le sucre ou le pain, la cellulose est un hydrate de carbone et contient le carbone vital dont ont besoin tous les êtres vivants. Pourtant, seuls quelques rares organismes sont capables de la décomposer et de l'assimiler. Les principaux décomposeurs de la cellulose sont des bactéries, dont certaines vivent dans l'appareil digestif d'animaux, et des champignons, comme le charbon ou la rouille qui croissent sur les végétaux.

Tous les êtres vivants finissent par mourir. D'un point de vue écologique, les composants chimiques dont ils sont constitués sont issus de la terre et y retournent à leur mort. Tous les éléments que chaque animal, de la mouche à l'éléphant, tire de sa nourriture retournent aussi à la terre sous forme d'excréments. La matière morte et les excréments constituent les aliments d'êtres vivants appelés décomposeurs. Ils comprennent un éventail de bactéries, de champignons et de petits animaux qui décomposent les déchets naturels en éléments toujours plus petits, jusqu'à ce que les composants chimiques soient restitués à l'air, au sol et à l'eau, et ainsi à nouveau rendus disponibles à d'autres êtres vivants. Les décomposeurs sont un maillon essentiel du cycle biologique de la vie et de la mort.

Travail souterrain

Les lombrics jouent un rôle déterminant dans le processus terrestre de décomposition. En surface, ils mangent des feuilles mortes dont les composants sont ensuite entraînés dans le sol. La matière digérée est rejetée sous forme d'excréments que consomment alors les champignons et les bactéries, ce qui assure le complet recyclage de la litière. En outre, en retournant le sol, les lombrics lui apportent de l'oxygène et font remonter vers la surface les éléments des niveaux inférieurs. Ils exercent ainsi un effet prépondérant sur la fertilité du sol.

Limace

Lombric

Bois pourrissant

Cloporte

En zone tempérée, chaque mètre carré de sol peut abriter jusqu'à 700 lombrics.

Les détritivores

Dans tout écosystème, il existe des déchets nommés détritus : végétaux morts, déchets et excréments d'animaux, cadavres. Les grands animaux capables d'assimiler directement ces détritus sont appelés détritivores. Ils peuvent digérer de très gros fragments de détritus et les transformer en excréments. Ceci les rend assimilables par des détritivores plus petits comme les

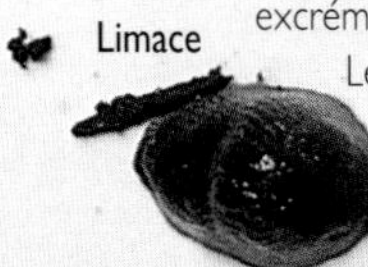

Limace

Les limaces sont des détritivores.

champignons et les bactéries qui les décomposent encore plus pour donner des éléments chimiques simples. Parmi les décomposeurs les plus connus figurent les cloportes, les vers, les limaces, les escargots, les mille-pattes et les collemboles.

Branchettes et lambeaux d'écorce

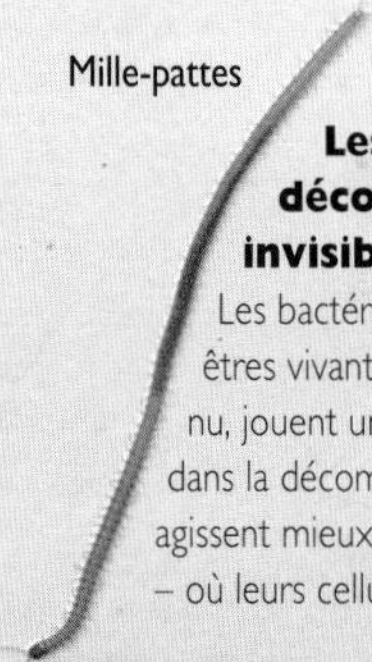

Mille-pattes

Les décomposeurs invisibles

Les bactéries, minuscules êtres vivants invisibles à l'œil nu, jouent un rôle important dans la décomposition. Elles agissent mieux en milieu humide – où leurs cellules peuvent se développer rapidement – et certaines prospèrent en milieu anaérobie, pauvre en oxygène, ce qui évite la concurrence avec les champignons. Comme ceux-ci, les bactéries produisent des enzymes pour digérer les déchets et les rendre absorbables par leurs cellules.

Présentes en grand nombre, les bactéries peuvent former des taches colorées, par exemple sur la litière végétale forestière.

Mort sur la Tamise

Ce dessin fut publié en 1854, année où l'odeur de pollution de la Tamise atteignit un tel degré que les locaux du Parlement durent être abandonnés. Tous les excréments humains aboutissaient dans le fleuve où leur décomposition consommait tout l'oxygène, condamnant la vie aquatique. Le Parlement dut réunir l'argent nécessaire à la construction d'un réseau d'égouts et au traitement des eaux usées.

Méthodes modernes

Il existe un système de traitement des eaux usées mettant à profit les décomposeurs naturels. Les eaux passent sur des lits de bactéries et de protozoaires qui réduisent les composants organiques des déchets à leurs constituants chimiques. Ces derniers sont ensuite retirés du liquide, débarrassant l'eau des éléments organiques.

Limace

Dévoreurs caparaçonnés

Les cloportes, crustacés du groupe des crabes, vivent seulement en milieu humide. Ils jouent un rôle très important dans la décomposition des matières végétales mortes, qu'ils mangent et transforment en excréments.

Cloporte

Carpophore du champignon

Champignons consommateurs

La partie des champignons visible sur le bois ou le sol est celle qui porte les graines (le carpophore) et est impliquée dans la reproduction. Au cœur du bois existe en outre un réseau de fins filaments formant le mycélium et chargés d'absorber la nourriture. Pour cela, ils dissolvent la cellulose à l'aide de l'enzyme nommée cellulase. Les bactéries consomment aussi la matière morte de cette façon appelée nutrition saprophyte.

Branche morte attaquée par un champignon saprophyte

Le cycle de la décomposition

Au sol, la litière végétale, composée de feuilles, de rameaux et de branches, nourrit les détritivores comme les vers, et les champignons et bactéries. Les détritivores morts sont consommés par d'autres organismes du même groupe. La plupart de l'énergie est finalement rejetée dans l'atmosphère, sous forme de chaleur provenant de la respiration et d'autres processus physiologiques. Une partie de l'énergie restante est absorbée par des prédateurs comme la taupe, qui mange les vers. Lorsque la taupe meurt, une fraction de cette énergie est prélevée par les décomposeurs. Environ 90% de toute la production primaire d'un écosystème passent par le cycle de la décomposition.

Énergie et matériaux

Les flèches de ce schéma indiquent les flux d'énergie et de matière dans la forêt.

On distingue plusieurs carpophores sur cette branche morte.

Litière de feuilles

Mort

Excréments

Détritivores

Prédateurs

Champignons et bactéries

Mort

Chaleur

Respiration et autres processus métaboliques

Respiration et autres processus métaboliques

Énergie perdue dans l'espace

Dissoudre la colle

En plus de la cellulose, le bois contient environ 30 % de lignine. Celle-ci agit comme de la colle en liant les fibres de cellulose et en donnant au bois une rigidité accrue. Comme la cellulose, elle contient du carbone et est aussi difficile à décomposer. Quelques champignons sont capables de le faire. Ils comprennent les pourritures blanches et brunes qui créent les conditions appelées pourriture humide et pourriture sèche du bois.

Colonie de champignons noirs microscopiques

Colonie de champignons jaunes microscopiques

Spores et champignons

Cette tache brune circulaire, à droite, est due à des spores tombées du chapeau d'un champignon. Les spores sont l'équivalent des graines des végétaux. Elles sont dispersées par le vent. Si elles tombent au contact d'une réserve nutritive, elles germeront et développeront un mycélium qui s'étendra au travers de la réserve nutritive et la décomposera afin d'être en mesure de l'assimiler.

Branchettes et spores fongiques

Dans la biosphère, l'énergie circule mais les composants chimiques indispensables aux processus de la vie sont limités. Ils doivent donc être sans cesse recyclés. L'eau est le composant le plus abondant sur la Terre et toute la vie sur cette planète en dépend à des degrés divers. L'eau joue un rôle essentiel dans la composition des êtres vivants (elle représente 70 % du poids de notre corps) mais sa propriété la plus importante est de permettre la dissolution de nombreux composants chimiques. Les végétaux ont besoin d'eau pour absorber les sels minéraux par leurs racines. Les animaux dépendent de l'eau des tissus de leurs poumons pour absorber l'oxygène de l'atmosphère. Cependant, comme elle est un solvant, l'eau est très sensible à la pollution. Des produits toxiques peuvent entrer dans le cycle de l'eau et être ensuite véhiculés dans l'environnement.

Le sang de la planète

Les pluies constituent un lien essentiel dans l'un des cycles naturels les plus importants en redistribuant l'humidité évaporée des terres et des océans. L'eau est ainsi remise à la disposition des processus vitaux dont dépendent tous les animaux et les végétaux. En moyenne, chaque molécule d'eau passe par ce cycle tous les 10 à 15 jours bien que des molécules puissent demeurer dans l'océan jusqu'à 1 500 ans.

Attention ! pollution

Les polluants les plus nocifs sont ceux qui ne sont pas biodégradables ou ne sont pas détruits au fil des processus naturels. Ils peuvent être assimilés par les végétaux et les animaux et s'accumuler dans les organismes situés en bout de chaîne alimentaire.

Les glaces polaires

La plus grande part de l'eau douce du globe est stockée sous forme de glace au pôle Nord, où il s'agit surtout de banquise, et sur le socle terrestre de l'Antarctique, sous forme d'une calotte glaciaire d'une épaisseur atteignant 3 km. Le réchauffement terrestre (p. 19) pourrait entraîner une fonte partielle des glaces, une hausse du niveau des océans et la submersion de nombreuses terres basses.

Les zones humides disparaissent peu à peu, drainées pour satisfaire les besoins de l'homme.

Les reins du fleuve

Les marécages sont des régions basses où les cours d'eau s'étalent et coulent lentement. Ils sont importants car ils emmagasinent l'eau et la redistribuent lorsque les précipitations sont faibles. Les sédiments qui s'y accumulent les rendent productifs, ce qui permet l'existence d'une riche diversité biologique. De plus, ces milieux agissent comme des filtres à l'égard de la pollution.

Le vent pousse les nuages.

Le SO₂ se dissout dans la vapeur d'eau.

Les nuages atteignent l'air froid.

L'humidité de l'air donne des nuages.

Pluies acides

Le SO₂ est émis par les centrales et les usines.

Eau à usage domestique

Eau servant au refroidissement et à l'industrie

La vapeur condensée retombe en pluie.

L'eau s'évapore dans l'atmosphère.

L'eau polluée retourne au fleuve.

L'eau retourne au fleuve après traitement.

Le fleuve coule entre des berges remodelées.

Les pesticides et les engrais gagnent le fleuve par les eaux d'infiltration.

Le cycle de l'eau

Le cycle de l'eau concerne toute l'eau du globe. Il est activé par le Soleil dont la chaleur fait surtout évaporer l'eau de surface des océans mais aussi celle des autres plans d'eau, du sol et des êtres vivants. Les nuages, créés par condensation de la vapeur d'eau refroidie, sont poussés par les vents mus par la chaleur solaire. Une fois les nuages saturés, l'eau retombe en pluie. Les activités humaines influent sur le cycle de l'eau de plusieurs façons. L'eau est souvent polluée par les usages domestiques. Les centrales l'utilisent pour le refroidissement et l'industrie. Elles émettent aussi l'anhydride sulfureux (SO₂) responsable des pluies acides. Enfin, les engrais sont souvent entraînés vers les cours d'eau.

Contrôler la qualité de l'eau

Les écologues disposent d'une large gamme d'appareils électroniques afin de vérifier la qualité de l'eau des lacs et cours d'eau. Le dispositif illustré ci-contre est destiné à mesurer la conductivité de l'eau, c'est-à-dire la façon dont un courant électrique la traverse, ce qui indique la présence de composants chimiques comme le sel. Ici, il sert à mesurer l'acidité de l'eau. Les substances d'un pH supérieur à 7 sont alcalines. Ce compteur indique un pH de 5,12, ce qui signifie que l'eau est un peu acide, sans doute à cause du SO₂ dissous dans l'eau pluviale. Certains lacs scandinaves ont un pH très bas de 4. Les organismes capables de supporter une telle acidité sont très peu nombreux. On s'efforce aujourd'hui de sauver quelques-uns de ces lacs en y déversant des substances chimiques alcalines.

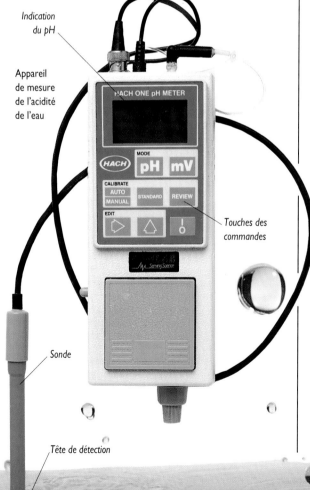

Indication du pH

Appareil de mesure de l'acidité de l'eau

HACH ONE pH METER
HACH
MODE pH mV
CALIBRATE AUTO MANUAL STANDARD REVIEW
EDIT

Touches des commandes

Sonde

Tête de détection

Les pluies acides

Même dilués, les produits de certaines activités humaines restent dangereux. La combustion des énergies fossiles comme le charbon dégage de l'anhydride sulfureux. Celui-ci se mêle à l'eau dans l'atmosphère en donnant de l'acide sulfurique et de l'acide nitrique dilués.

Lorsque ces pluies acides tombent, elles peuvent s'attaquer aux arbres si sévèrement qu'ils en meurent. Des forêts entières d'Europe de l'Est et du Canada ont ainsi été ravagées. Les pluies acides affectent aussi la vie des lacs en privant d'oxygène les alevins et les larves d'insectes qui finissent par mourir asphyxiés.

Toute la vie sur Terre repose sur le carbone. Présent dans tous les êtres vivants, les océans, l'air et au sein de la Terre elle-même, il circule sans cesse entre les diverses parties de la biosphère sous différents états chimiques. Combiné à l'oxygène de l'atmosphère, il donne du gaz carbonique (CO_2). Dans les végétaux, il devient de l'hydrate de carbone constituant leur source d'énergie et celle des animaux qui les mangent. Dans le sol et dans les os et les coquilles des animaux, c'est du carbonate de calcium. Par la décomposition (p. 14), tout le carbone retourne enfin dans l'atmosphère.

Les végétaux constituent le principal point d'échange du carbone en transformant le gaz carbonique atmosphérique en hydrate de carbone grâce à la photosynthèse (p. 8).

L'utilisation du carbone
Pour assurer leur croissance, les végétaux absorbent le carbone de l'atmosphère. Une partie de ce carbone alimente les processus biologiques du végétal, une autre partie est intégrée à sa structure, par exemple sous forme de cellulose. Chaque tronc d'arbre est ainsi une réserve de carbone.

La combustion transforme le carbone en gaz carbonique.

Le cycle du carbone

Moins de 1 % de tout le carbone circule dans la biosphère. Le reste est emprisonné comme carbone inorganique dans les roches et comme carbone organique dans les combustibles fossiles (charbon et pétrole). Le carbone entre dans les chaînes alimentaires grâce aux plantes, qui l'absorbent sous forme de gaz carbonique. Dans une forêt tropicale, le carbone est ainsi absorbé 100 fois plus vite que dans un désert.

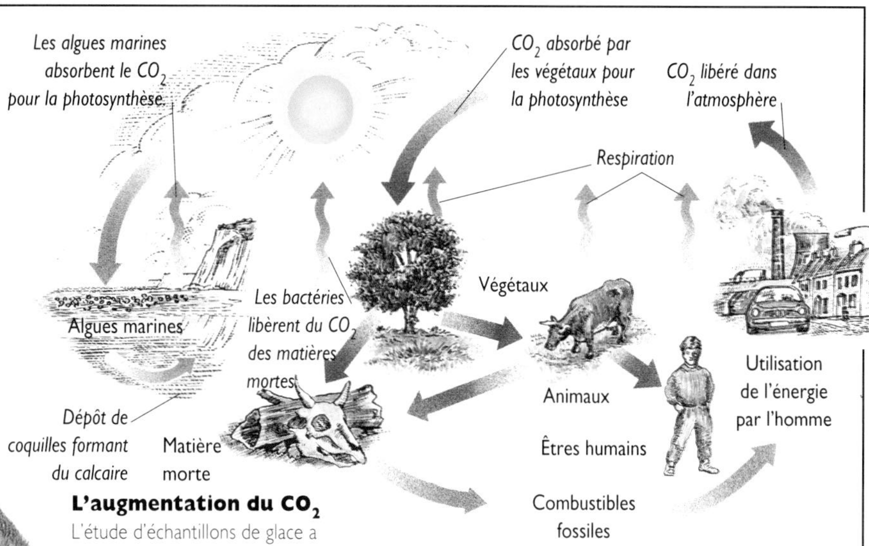

Les algues marines absorbent le CO_2 pour la photosynthèse.

CO_2 absorbé par les végétaux pour la photosynthèse

CO_2 libéré dans l'atmosphère

Respiration

Algues marines

Les bactéries libèrent du CO_2 des matières mortes

Végétaux

Animaux

Êtres humains

Dépôt de coquilles formant du calcaire

Matière morte

Combustibles fossiles

Utilisation de l'énergie par l'homme

Cet écureuil rayé grignote la semence produite par un arbre qui a transformé le gaz carbonique en hydrate de carbone par photosynthèse.

L'augmentation du CO_2

L'étude d'échantillons de glace a montré une augmentation d'au moins 25 % de la concentration de gaz carbonique dans l'atmosphère depuis la Révolution industrielle du XVIIIe siècle, surtout à cause de la combustion des énergies fossiles. Le gaz carbonique empêche la réflexion de la chaleur solaire vers l'espace (c'est l'« effet de serre ») et provoquerait l'élévation de la température du globe, phénomène connu sous le nom de réchauffement planétaire.

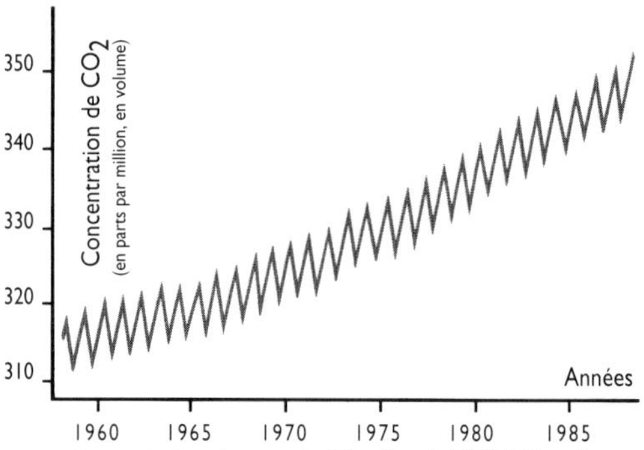

Concentration de CO_2 (en parts par million, en volume)

350
340
330
320
310

Années

1960   1965   1970   1975   1980   1985

Augmentation du taux de CO_2 depuis 1958 à Hawaii

Du végétal à l'animal

Pour leurs besoins en carbone, les animaux dépendent des végétaux, qu'ils s'en nourrissent directement ou mangent des animaux herbivores. Chaque animal est une réserve vivante de carbone, mais tous émettent du carbone (sous forme de gaz carbonique) en exhalant de l'air. À leur mort, le carbone du corps des animaux est libéré lors de la désagrégation des composants chimiques.

Rien ne se perd

Lorsque les adultes de certaines espèces de saumons ont remonté les cours d'eau et frayé, ils meurent d'épuisement. Leurs corps gisent en grand nombre dans l'eau peu profonde où ils pourrissent en donnant une réserve nutritive immédiatement disponible pour le développement des œufs et des alevins de saumons. Les jeunes croissent grâce au carbone de leurs parents.

Réserves de carbone

Le carbone reste emprisonné dans les déchets animaux ou végétaux qui ne se décomposent pas totalement, par exemple lorsque l'oxygène manque. Dans les marécages du Carbonifère, qui prit fin voici 280 millions d'années, des végétaux moururent dans de telles conditions, en formant d'épaisses couches. Au fil des millions d'années, la chaleur de la Terre et la pression des matériaux accumulés au-dessus de ces couches transformèrent le carbone des végétaux en charbon. De la même manière, la chaleur et la pression ont transformé d'énormes dépôts de minuscules créatures marines mortes (ci-contre) en une réserve de carbone liquide, le pétrole. Lorsque ces « combustibles fossiles » sont brûlés, le carbone est libéré dans l'atmosphère. On a estimé qu'il pourrait exister 50 fois plus de carbone emprisonné dans le charbon et le pétrole qu'il n'y en a dans tous les organismes vivants au monde.

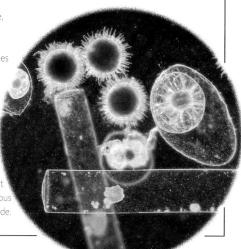

Un modeste repas
En digérant des excréments, cette mouche entame le processus de fragmentation des protéines qui libèrent l'azote qu'elles contiennent.

La fixation de l'azote
Un apport vital d'azote est assuré par les bactéries *Rhizobium*, fixatrices de l'azote, associées à certains végétaux comme les pois ou le trèfle. Le développement de ces bactéries est favorisé par un composant chimique des racines qui réagissent en formant des nodosités (ci-dessous).

Les nodosités apportent à la plante les nitrates dont elle a besoin.

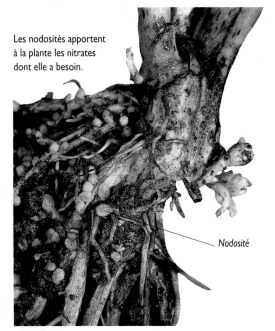

— Nodosité

L'azote est l'un des constituants des protéines et de l'ADN. C'est donc l'un des éléments essentiels de tout être vivant. Bien que l'azote gazeux représente 78 % de l'atmosphère terrestre, végétaux et animaux ne peuvent l'utiliser sous cette forme. C'est le cycle de l'azote, au cours duquel des bactéries microscopiques transforment l'azote en divers composants, qui rend ce gaz assimilable par les autres êtres vivants. Les bactéries « fixatrices de l'azote » transforment directement l'azote de l'air en nitrates dans le sol. Les nitrates sont solubles dans l'eau et les végétaux peuvent les absorber par leurs racines. À leur tour, les animaux tirent leur azote des végétaux. Les protéines des déchets tels que les excréments et les végétaux ou les animaux morts contiennent aussi de l'azote. Diverses bactéries dissocient ces protéines et transforment ainsi l'azote en nitrates qui peuvent être utilisés par d'autres organismes. Une partie des nitrates est absorbée par les végétaux et une autre partie conclut le cycle en étant reconvertie en azote par d'autres types de bactéries.

L'enrichissement du sol
Une bouse de vache en décomposition fait partie du cycle de l'azote. La matière fécale contient une grande quantité d'azote logé dans les protéines que l'animal a ingérées sous forme végétale. Diverses bactéries libèrent cet azote en dissociant les protéines jusqu'au niveau des nitrates que les plantes peuvent absorber par leurs racines. C'est pour cela que l'herbe autour d'une bouse est souvent plus fournie.

Trop, c'est trop !
Afin d'augmenter la productivité du sol et le volume des récoltes, les agriculteurs des pays développés ont recours à d'énormes quantités de nitrates artificiels utilisés comme engrais. On a maintenant la preuve que ces produits ajoutés saturent le système naturel. Avant d'être désagrégés ou transformés en azote gazeux, ils sont souvent entraînés dans le sol par les pluies. Ces nitrates dissous atteignent ensuite les cours d'eau et les réserves d'eau souterraines. Par endroits, l'eau à usage domestique contient tant de nitrates qu'elle ne convient plus à la consommation humaine.

Les transformations d'un élément essentiel

L'azote gazeux est « fixé » par des bactéries du sol ou des nodosités de certaines plantes. Les animaux mangent les végétaux et utilisent une partie de leurs composés azotés complexes. L'azote présent dans les cadavres d'animaux et les excréments est transformé en nitrites par une bactérie nitrifiante. Les nitrobacters transforment ces nitrites en nitrates. La pluie en entraîne dans le sol, les végétaux en absorbent et les bactéries dénitrifiantes en libèrent dans l'atmosphère sous forme d'azote gazeux que les éclairs transforment en bioxyde d'azote soluble dans l'eau. Sous l'action de la pluie, il pénètre alors le sol en tant qu'acide nitrique dilué.

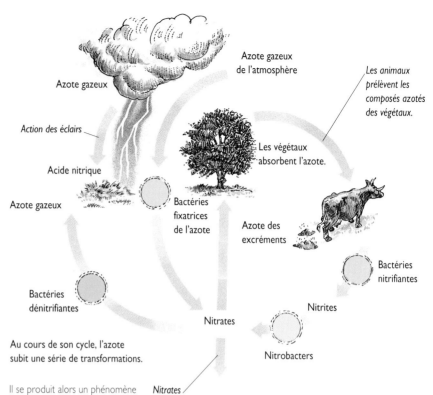

Azote gazeux

Azote gazeux de l'atmosphère

Action des éclairs

Acide nitrique

Azote gazeux

Bactéries fixatrices de l'azote

Les végétaux absorbent l'azote.

Les animaux prélèvent les composés azotés des végétaux.

Azote des excréments

Bactéries nitrifiantes

Bactéries dénitrifiantes

Nitrites

Nitrates

Nitrobacters

Au cours de son cycle, l'azote subit une série de transformations.

Nitrates entraînés dans le sol

Quand l'excès mène à la mort

Des quantités excessives de nitrates atteignant les systèmes fluviaux peuvent provoquer une prolifération brutale et catastrophique des algues qui consomment l'oxygène de l'eau.

Il se produit alors un phénomène d'« eutrophisation » comme cela fut le cas pour le lac Erié, aux États-Unis, dans les années 1960 et 1970. Le taux d'oxygène dans l'eau tomba si bas que presque toutes les formes de vie disparurent.

Travailler avec la nature

Sous les tropiques, où la température est en général élevée, les bactéries dénitrifiantes prospèrent. Elles peuvent appauvrir le sol et les plantes en supprimant rapidement les nitrates. Le système des rizières surmonte ce problème en réduisant l'action de ces bactéries par l'inondation du sol. Les champs inondés favorisent en outre le développement des cyanobactéries (ou algues bleu-vert) capables de transformer l'azote de l'air en composés azotés, de le « fixer », en le rendant assimilable par les cultures. Les cyanobactéries peuvent fixer jusqu'à 100 kg d'azote par hectare.

Riz

Les sols dont dépendent les végétaux sont créés par l'interaction entre les parties vivantes de l'environnement et celles qui ne le sont pas. Leur composition est déterminée par cinq facteurs principaux : le climat et la météorologie ; la géologie (les roches souterraines) ; la topographie (la situation du terrain) ; l'action des êtres vivants, dont l'homme ; le temps. Le sol possède six composants : des particules minérales dont le limon, l'argile et le sable ; l'humus (matière surtout organique formant une mince pellicule autour de chaque miette du sol) ; des ions nutritifs, comme le calcium et le potassium ; l'eau ; l'air entre les particules du sol ; les organismes vivants, comme les vers et les organismes microscopiques. Tous ces facteurs influent sur la fertilité. Les trois couches principales des sols sont la terre végétale, le sous-sol et le matériau parental. Du sol neuf est sans cesse créé mais l'érosion agit presque deux fois plus vite, souvent du fait d'activités humaines comme la destruction de la forêt pluviale ou les techniques agricoles primitives.

Une erreur fatale ?

Certains écologues pensent que l'érosion du sol entraîna la fin de la civilisation de l'île de Pâques, située au large du Chili. Elle se produisit sans doute lorsque les arbres furent abattus, peut-être pour permettre la construction et le transport des fameuses statues géantes, provoquant le lessivage par les pluies des éléments nutritifs du sol et celui du sol lui-même. Les cultures ainsi rendues impossibles, la population dut quitter l'île.

Bruyères et autres végétaux résistants

Terre végétale acide hautement organique

Couche rocheuse

Sous-sol teinté par les minéraux drainés

Forte croissance végétale

Racines profondes

Épaisse couche de terre végétale fertile

Airelles

Mince couche tourbeuse acide

Sous-sol schisteux teinté par des matériaux organiques

Landes sèches

Le sol y est sableux et assez sec, couvert d'une fine couche de débris végétaux plutôt acide. Vers et microbes ne peuvent supporter ces conditions : la décomposition est très lente et ce sol est pauvre en éléments nutritifs. L'acide est entraîné vers le sous-sol.

Champs et jardins

Le profil pédologique d'un sol de jardin montre une épaisse et riche terre végétale, créée par le long travail de l'homme. Le bêchage répété et l'apport régulier de compost et d'engrais donnent un sol bien aéré et drainé, à haute teneur organique. Ce sol très fertile abrite de nombreux lombrics.

Landes humides

Le sous-sol contient des schistes imperméables dont on voit ici des fragments. Les précipitations gardent humide la couche supérieure. En ruisselant, l'eau entraîne les éléments nutritifs solubles. Les particules organiques des déchets végétaux s'accumulent en une couche tourbeuse acide.

Séparation

Une analyse simple de la composition d'un sol débute par la séparation de certains des matériaux solides présents. On peut procéder en mélangeant un échantillon du sol à de l'eau dans un récipient. Les matières organiques, l'humus, restent plutôt en surface. Les particules les plus denses, comme le sable, tombent au fond et sont coiffées d'une couche d'éléments plus légers, comme le limon. Les petites particules d'argile descendent très lentement. Les proportions de ces divers constituants dépendent du type de sol.

Matières organiques

Particules d'argile en suspension

Limon

Sable

Échantillon de sol

Tamis fin

Entonnoir en verre

Entonnoir de Tullgren

Pince

Sol calcaire

Papier témoin indiquant un pH de 8

Filtrer ce qui vit

De nombreux organismes vivant dans le sol sont très petits et difficiles à repérer mais en forment pourtant une part vitale. Ce dispositif, appelé entonnoir de Tullgren du nom de son inventeur, sert à récolter et à identifier ces minuscules organismes. On place l'échantillon de sol sur un tamis fin au sommet de l'entonnoir, sous une source lumineuse. Les minuscules animaux fuient la lumière et passent au travers du tamis. Ils tombent alors dans un flacon plein d'alcool. Les collemboles, vers nématodes, acariens et autres peuvent alors être étudiés au microscope.

Flacon

Petits animaux

Solution alcoolique

Limon et petits animaux

La composition chimique des sols est très variable et influe sur les végétaux qu'ils portent.

Sol de jardin cultivé

Papier témoin indiquant un pH de 7

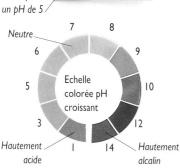

Sol de lande sèche

Papier témoin indiquant un pH de 5

Glacier

Les glaciers écrasent les roches dont les fragments forment un dépôt, le till.

L'érosion des roches

Une bonne part du sol de la planète provient des roches usées par l'érosion, comme celle due aux glaciers. Le sol est aussi créé par l'action de l'eau qui gèle dans les crevasses, gonfle et fait éclater la roche ; l'eau et le vent usent la roche et la fragmentent ; des végétaux poussent sur les roches et les érodent chimiquement. Les particules ainsi produites s'associent aux matériaux organiques pour constituer du sol.

Neutre

7 8

6 9

5 10

Echelle colorée pH croissant

3 12

1 14

Hautement acide *Hautement alcalin*

La chimie du sol

Du papier témoin plongé dans une solution de sol en mesure l'acidité et l'alcalinité. Le sol calcaire a un pH proche de 8 (légèrement alcalin). Le sol de jardin est neutre alors que le sol de la lande sèche, d'un pH voisin de 5, est nettement acide.

Le Bangladesh souffre d'inondations répétées.

Le prix du sol perdu

Le sol agit comme une éponge naturelle en absorbant l'eau puis en la libérant lentement. Dans l'Himalaya, la plupart des forêts qui retenaient le sol sur les pentes ont été utilisées comme combustible. Le sol a donc été lessivé dans les fleuves par les pluies de mousson et entraîné à la mer. Ainsi, lorsqu'il pleut, l'eau qui aurait été absorbée par le sol dévale les pentes rocheuses, gonfle les fleuves et inonde les villes et villages des basses terres en provoquant des catastrophes.

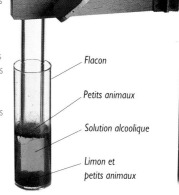

Malgré les apparences, la vie n'est pas uniformément répartie à la surface de la Terre. Aucun être vivant ne peut supporter les conditions extrêmes de certaines zones désertiques et de quelques parties de l'Antarctique. La vie paraît omniprésente dans les océans, mais là où manquent des courants pourvoyeurs d'éléments nutritifs, les eaux sont mortes car les végétaux ont besoin d'autre chose que de lumière pour vivre. À plus petite échelle, s'ils reçoivent des quantités inégales de lumière ou de pluie, les deux versants d'une vallée ou les deux faces d'un arbre peuvent abriter des organismes très différents. Quand les écologues étudient la répartition des êtres vivants, ils s'efforcent de déterminer les facteurs physiques et biologiques gouvernant la présence ou l'absence d'espèces données. Ils considèrent aussi les paramètres historiques qui pourraient avoir influé sur les lieux où vivent les espèces, et les schémas en mesure d'indiquer la répartition future des populations.

La régression des lémuriens

La répartition des lémuriens est très limitée. Ils ne se trouvent qu'à Madagascar, la grande île au large des côtes orientales d'Afrique. L'étude de fossiles a montré que ces primates ont été beaucoup plus répandus. La séparation de l'île du continent leur a permis, comme à d'autres espèces, d'évoluer pour occuper tout un éventail de niches écologiques vacantes. Si Madagascar était restée liée au continent africain, les lémuriens auraient sans doute disparu pour d'obscures raisons comme ils l'ont fait ailleurs.

Madagascar

Deux faces, deux mondes

Le contraste entre les deux côtés d'un tronc fournit une bonne illustration de la répartition des espèces. Du côté où le soleil garde l'écorce chaude et sèche, la surface du tronc semble à peu près dépourvue de vie, car les conditions empêchent l'installation de végétaux. Sur la face abritée du soleil, où l'écorce demeure fraîche et humide, le tronc est couvert d'un épais manteau d'organismes, algues, lichens, lierre et même mousse, qui prospèrent dans ces conditions.

Écorce nue du côté exposé au soleil

L'échantillonnage

Confrontés à l'impossibilité de recenser tous les individus ou même toutes les espèces d'une vaste zone, les écologues ont recours à des méthodes d'échantillonnage pour étudier la répartition des êtres vivants. Un quadrillage de taille connue, nommé quadrat, est déterminé sur la terre ferme ou, comme ici, au fond de l'eau, puis les individus et les espèces sont dénombrés. À partir des données enregistrées, il est possible de dégager des schémas de répartition. De telles méthodes sont courantes dans les études écologiques des populations.

Quadrat

Répartition transversale de quatre espèces de littorines sur un rivage marin

Étage supralittoral	Niveau supérieur	Niveau moyen	Niveau inférieur	Étage infralittoral

Littorina neritoides

Littorina saxatalis

Littorina littorea

Littorina littoralis

Comment sont réparties les espèces

Ce diagramme figure la répartition des espèces d'un habitat donné. L'axe horizontal indique où vivent quatre espèces de littorines d'une côte rocheuse (p. 43). L'axe vertical indique les effectifs relatifs de chaque espèce à chaque point du rivage. Cela montre comment les conditions écologiques influent sur la localisation de chacune des espèces. La petite littorine *Littorina neritoides* occupe l'étage supralittoral, en haut du rivage,

et préfère les anfractuosités des parois rocheuses abruptes et exposées. *L. saxatalis* recherche un meilleur abri mais peut cependant tolérer l'exposition à l'air. *L. littorea* vit sur les roches et les galets où elle se nourrit de détritus. Elle est moins tolérante quant à l'exposition. *L. littoralis* possède une coquille aplatie et vit parmi les algues des niveaux moyen et inférieur où elle s'abrite à marée basse. Le diagramme montre que chaque espèce cède la place à la suivante lorsque l'on descend le rivage.

Une place pour chacun

Il existe trois modes principaux de répartition des individus d'une population. Ce sont la répartition uniforme, l'agrégation et la répartition aléatoire. En présence d'un seul facteur contraignant, les individus tendent à être régulièrement répartis. Les arbres, par exemple, ont tous besoin de lumière

et, dans leur quête, ils sont espacés assez régulièrement, comme le montre cette forêt naturelle. La plupart des êtres vivants s'assemblent autour des ressources naturelles ou parce qu'il existe un avantage écologique précis à rester en groupe comme le font les gnous (p. 49). La répartition aléatoire s'observe chez les araignées-loups.

Lierre

Tapir commun

À chacun son destin

Ces animaux à l'aspect très similaire (à gauche) sont les seules espèces de tapirs subsistant. On les trouve de part et d'autre du monde. Le tapir commun (en haut)

vit en Amérique du Sud alors que le tapir à chabraque se rencontre dans le Sud-Est asiatique. Les modifications écologiques sur des millions d'années ont entraîné le confinement de chaque tapir à l'extrémité de son aire de répartition autrefois très vaste.

Mousse et lichens

Vie végétale prospère du côté humide du tronc

Tapir à chabraque

Là ou ailleurs

L'araignée-loup est originale en raison de sa répartition aléatoire. Sa localisation est tout à fait indépendante de celle de ses congénères. En tant que prédateur mobile vivant en milieu assez homogène, elle se trouve en fait partout où la mène sa quête de proies.

L'araignée-loup traque ses proies à la course.

Pour comprendre quelqu'un, il faut connaître plus que son adresse. Comment occupe-t-il son temps ? À quoi s'intéresse-t-il ? Surtout, quels sont ses rapports avec les autres ? Ces questions peuvent être posées à propos de tout être vivant. L'adresse d'un animal ou d'une plante est son habitat, l'endroit où il vit, et ses activités ainsi que tous les autres paramètres constituent sa niche écologique. Charles Elton fut l'un des premiers écologues à présenter une niche écologique comme le « statut fonctionnel d'un organisme au sein de sa communauté ». Dans cette acception, le terme niche représente la façon dont une espèce utilise les ressources disponibles pour subsister et la manière dont son existence influe sur les autres organismes vivant autour de lui. Les expériences de laboratoire et les travaux de terrain ont démontré que la plupart des espèces occupent des niches écologiques distinctes. On suppose que ceci est destiné à éviter la compétition entre les espèces lorsque les ressources sont limitées. Si deux espèces entraient en concurrence, l'une d'elles finirait par disparaître ou devrait trouver une autre niche.

Solide bec pointu

Graines

Verdier

Épais bec court

Bourgeons d'arbres fruitiers

Bouvreuil

Les mandibules se chevauchent.

Cônes de résineux

Bec-croisé des sapins

Niche de colonisation

Les orties prospèrent auprès des implantations humaines, des décharges, des terriers de lapin et des colonies d'oiseaux. Pourquoi ces lieux leur sont-ils favorables ? La réponse se trouve dans le sol. La niche de l'ortie est celle d'une colonisatrice des sols riches en phosphate que l'on trouve dans beaucoup de milieux. Les orties se répandent rapidement sur une vaste surface dont elles excluent toutes les autres plantes. Une fois les phosphates épuisés, le milieu ne convient plus aux orties et d'autres plantes peuvent reconquérir les lieux.

La division des ressources

Certains groupes d'animaux très proches peuvent occuper la même zone géographique sans pour autant entrer directement en concurrence pour les mêmes ressources, car ils exploitent des niches différentes et notamment des aliments distincts. Les becs très différents de trois espèces de fringilles trahissent la nourriture qu'ils consomment et leurs préférences écologiques. Le verdier mange des graines dures qu'il prélève et brise de son solide bec pointu. Le bouvreuil consomme surtout des bourgeons d'arbres fruitiers et son épais bec court est idéal pour les cisailler. Le bec-croisé des sapins montre une adaptation particulière à un régime de graines de conifères qu'il parvient à extraire à l'aide de son curieux bec.

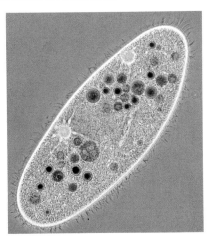

Le principe de l'exclusion compétitive

Le biologiste russe G. F. Gause a avancé que deux espèces ne pouvaient partager la même niche. De rares exceptions ont été trouvées mais le principe de Gause reste valable. Gause s'appuya expérimentalement sur deux espèces d'un protozoaire microscopique appelé paramécie. *Paramecium aurelia* possède un avantage sur *Paramecium caudatum*, car il peut accaparer plus vite la nourriture. Lorsque les deux espèces sont élevées ensemble en laboratoire, *P. aurelia* augmente cependant que la population de *P. caudatum* disparaît.

Kangourou en Australie

Cerf dans l'hémisphère Nord

Mâchoire allongée

Le renard se déplace discrètement en quête de déchets divers.

À mêmes niches, mêmes adaptations

Bien que sans aucun lien et de morphologies très différentes, le cerf et le kangourou possèdent une tête à l'aspect étonnamment semblable. Ceci est dû au fait qu'ils sont adaptés à la même niche, bien que vivant de part et d'autre du globe. La niche qu'ils occupent est celle d'un herbivore à la course rapide vivant en milieu assez dégagé. Leurs modes de locomotion sont tout à fait distincts, le cerf courant sur quatre longues pattes alors que le kangourou saute à l'aide de ses pattes arrière.

Être adaptable pour survivre

Les activités humaines peuvent accroître la niche de certains animaux sauvages. Le renard roux est l'une des quelques espèces à bénéficier de l'urbanisation. Sa niche est celle d'un consommateur opportuniste et omnivore doté d'une bonne vue et d'un odorat fin. Ces capacités lui ont permis de tirer parti d'un surcroît de nourriture et d'abris dans les zones habitées.

Notonecte

Grand panda

Corise

Pas de concurrence

Ces deux insectes se ressemblent beaucoup et présentent des adaptations similaires au même habitat. Pourtant, ils n'entrent pas en compétition car ils occupent des niches totalement distinctes. En fait, ils se nourrissent à des niveaux trophiques (p. 10) différents. Le notonecte est un prédateur, un consommateur secondaire qui mange d'autres invertébrés, des têtards et même de petits poissons. La corise, au contraire, est un décomposeur (p. 14) qui consomme des algues et des végétaux pourris.

Le notonecte et la corise se trouvent souvent dans les mêmes mares et exploitent des ressources tout à fait différentes

Spécialisation fatale

En ne se nourrissant que de pousses de bambous, alors que ses ancêtres étaient carnivores, le grand panda exploite une niche inaccessible à d'autres espèces. Mais la plupart des forêts de bambous de Chine, où il vit, ont disparu. Lorsque, suivant un cycle naturel de 100 ans, la majorité des bambous restants fleurirent puis moururent au début des années 1980, le grand panda fut amené au bord de l'extinction.

Le panda est menacé à cause de son régime trop spécialisé.

La façon dont les populations d'espèces données augmentent ou diminuent et les raisons de ces fluctuations quantitatives constituent le domaine d'étude de la dynamique des populations. Un examen attentif de la manière dont les populations évoluent révèle que, même dans ce qui semble être un système naturel très stable, existent des forces dynamiques qui peuvent avoir de sévères effets et entraîner de brutales chutes d'effectifs. Les lemmings en sont un bon exemple. Ces petits rongeurs habitent les froides régions septentrionales de l'hémisphère Nord. Tous les trois ou quatre ans, ils se mettent à pulluler et on peut alors les voir migrer en grand nombre. On pense que cela se produit lorsqu'ils ont épuisé leurs ressources alimentaires. La légende selon laquelle les lemmings se suicideraient repose sur le fait qu'ils traversent les cours d'eau dans leur quête de nourriture. Quand ils arrivent à la mer, ils tentent aussi de la franchir et finissent noyés.

Harfang des neiges

Plumes blanches pour le camouflage hivernal

Prédateur et proies

Le harfang des neiges vit surtout dans la toundra d'Amérique du Nord et d'Eurasie où il est normalement rare. Toutefois, tous les trois ou quatre ans, les harfangs apparaissent soudain en grand nombre et envahissent les villes des États-Unis, atteignant même, au sud, la Géorgie. Ce curieux phénomène paraît être lié aux modifications démographiques cycliques des lemmings dont se nourrissent ces rapaces. Lorsque les lemmings se multiplient au point d'être indésirables, les effectifs des harfangs, qui bénéficient d'une nourriture abondante, augmentent rapidement. Quand les lemmings migrent et se raréfient, les harfangs doivent aussi migrer pour se nourrir. Ils se dispersent donc sur une vaste zone et leurs effectifs décroissent alors pour les deux années suivantes. De telles fluctuations cycliques s'observent surtout dans les écosystèmes les moins complexes, comme la toundra nordique. Cela pourrait être dû au fait que ces régions abritent assez peu d'espèces (leur biodiversité est faible) et sont donc naturellement plus instables.

Campagnol

Épaisse et chaude fourrure

Roche recouverte de lichens

Doigts puissants et ongles acérés pour la capture

Fluctuations cycliques

Plusieurs espèces sont sujettes à des variations d'effectifs mais de nombreuses questions relatives à ce phénomène demeurent sans réponse. Les campagnols des latitudes septentrionales ont un cycle comparable à celui du lemming, peut-être lié à un cycle de la végétation. L'une des explications pourrait être que, avec l'augmentation de la population, de plus en plus d'éléments nutritifs du milieu sont emmagasinés sous forme d'excréments. Dans les conditions de l'Arctique, où la décomposition prend du temps, ces éléments sont libérés lentement. La croissance des plantes en souffre et la végétation ne se reconstitue que lorsque les rongeurs ont migré. Une fois le couvert végétal rétabli, les rongeurs reviennent et le cycle recommence.

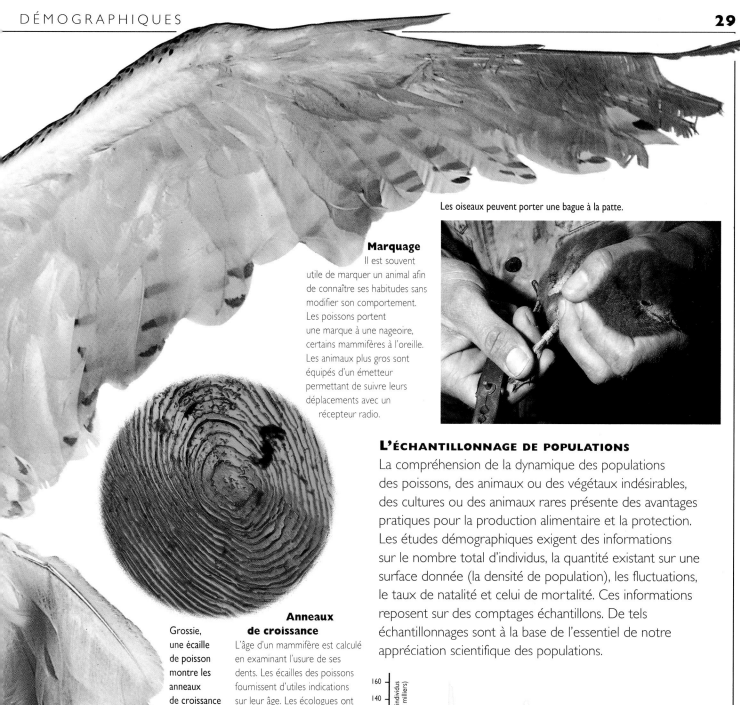

Les oiseaux peuvent porter une bague à la patte.

Marquage

Il est souvent utile de marquer un animal afin de connaître ses habitudes sans modifier son comportement. Les poissons portent une marque à une nageoire, certains mammifères à l'oreille. Les animaux plus gros sont équipés d'un émetteur permettant de suivre leurs déplacements avec un récepteur radio.

L'ÉCHANTILLONNAGE DE POPULATIONS

La compréhension de la dynamique des populations des poissons, des animaux ou des végétaux indésirables, des cultures ou des animaux rares présente des avantages pratiques pour la production alimentaire et la protection. Les études démographiques exigent des informations sur le nombre total d'individus, la quantité existant sur une surface donnée (la densité de population), les fluctuations, le taux de natalité et celui de mortalité. Ces informations reposent sur des comptages échantillons. De tels échantillonnages sont à la base de l'essentiel de notre appréciation scientifique des populations.

Anneaux de croissance

Grossie, une écaille de poisson montre les anneaux de croissance qui s'ajoutent chaque hiver.

L'âge d'un mammifère est calculé en examinant l'usure de ses dents. Les écailles des poissons fournissent d'utiles indications sur leur âge. Les écologues ont recours à cette méthode pour connaître la structure d'une population de poissons par groupes d'âge et définir ainsi les quantités de poissons qui pourront être pêchées sans dommage.

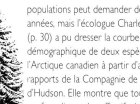

Lièvres arctiques

Lynx

Piégeage

Oiseaux et poissons sont capturés au filet mais des mammifères comme ce bandicoot doivent être attirés dans des pièges spéciaux afin de permettre de les relâcher en bon état. L'appât utilisé est de la nourriture.

Des hauts et des bas

La récolte des données sur les populations peut demander des années, mais l'écologue Charles Elton (p. 30) a pu dresser la courbe démographique de deux espèces de l'Arctique canadien à partir d'anciens rapports de la Compagnie de la baie d'Hudson. Elle montre que tous les neuf ou dix ans les effectifs des lièvres arctiques atteignent un pic puis s'effondrent. Les fluctuations des lynx suivent de près celles des lièvres, leurs proies principales. Ce cycle en dents de scie est typique de plusieurs espèces de milieux aux conditions extrêmes.

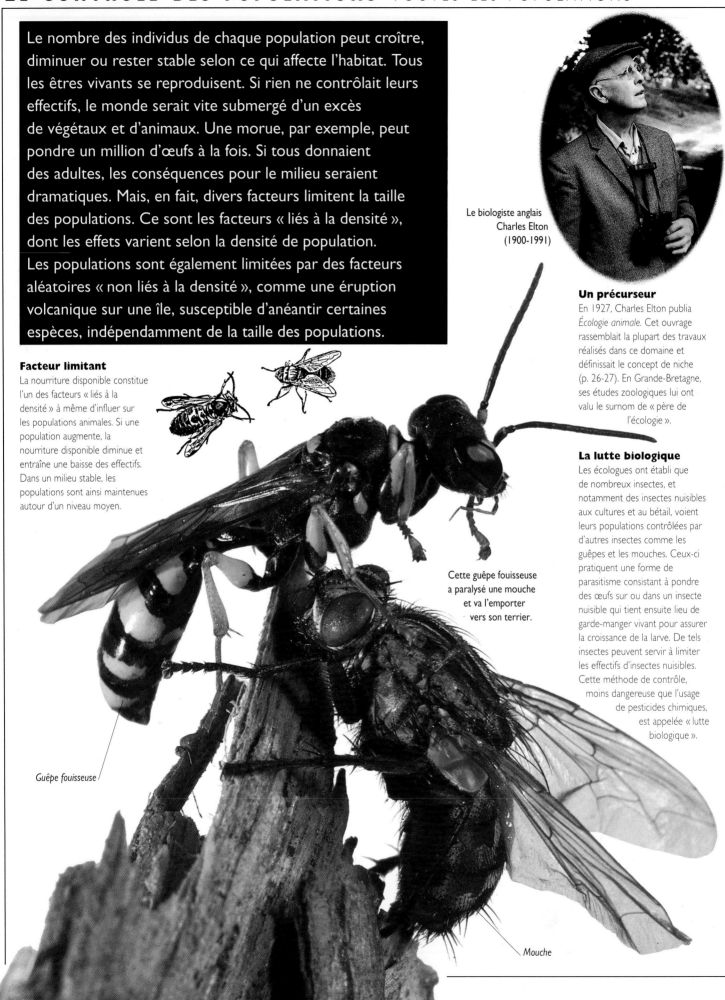

Le nombre des individus de chaque population peut croître, diminuer ou rester stable selon ce qui affecte l'habitat. Tous les êtres vivants se reproduisent. Si rien ne contrôlait leurs effectifs, le monde serait vite submergé d'un excès de végétaux et d'animaux. Une morue, par exemple, peut pondre un million d'œufs à la fois. Si tous donnaient des adultes, les conséquences pour le milieu seraient dramatiques. Mais, en fait, divers facteurs limitent la taille des populations. Ce sont les facteurs « liés à la densité », dont les effets varient selon la densité de population. Les populations sont également limitées par des facteurs aléatoires « non liés à la densité », comme une éruption volcanique sur une île, susceptible d'anéantir certaines espèces, indépendamment de la taille des populations.

Le biologiste anglais
Charles Elton
(1900-1991)

Un précurseur

En 1927, Charles Elton publia *Écologie animale*. Cet ouvrage rassemblait la plupart des travaux réalisés dans ce domaine et définissait le concept de niche (p. 26-27). En Grande-Bretagne, ses études zoologiques lui ont valu le surnom de « père de l'écologie ».

Facteur limitant

La nourriture disponible constitue l'un des facteurs « liés à la densité » à même d'influer sur les populations animales. Si une population augmente, la nourriture disponible diminue et entraîne une baisse des effectifs. Dans un milieu stable, les populations sont ainsi maintenues autour d'un niveau moyen.

Cette guêpe fouisseuse a paralysé une mouche et va l'emporter vers son terrier.

La lutte biologique

Les écologues ont établi que de nombreux insectes, et notamment des insectes nuisibles aux cultures et au bétail, voient leurs populations contrôlées par d'autres insectes comme les guêpes et les mouches. Ceux-ci pratiquent une forme de parasitisme consistant à pondre des œufs sur ou dans un insecte nuisible qui tient ensuite lieu de garde-manger vivant pour assurer la croissance de la larve. De tels insectes peuvent servir à limiter les effectifs d'insectes nuisibles. Cette méthode de contrôle, moins dangereuse que l'usage de pesticides chimiques, est appelée « lutte biologique ».

Guêpe fouisseuse

Mouche

Renne

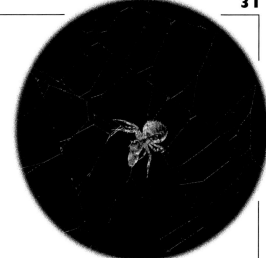

Morts de faim

En 1944, on lâcha un troupeau de 27 rennes sur l'île Saint-Matthew, au large de la côte nord-ouest de l'Alaska. En moins de 20 ans, cette population atteignit 6 000 individus. Après le rude hiver de 1963, elle chuta jusqu'à 42 animaux. Les lichens, nourriture habituelle des rennes, avaient presque disparu et l'examen des bêtes mortes montra qu'elles avaient succombé à la faim. En l'absence de tout prédateur, la diminution radicale des rennes était due à la quantité de nourriture disponible.

Une maladie dévastatrice

Vers 1970, une nouvelle souche du champignon responsable de la graphiose de l'orme fut introduite en Grande-Bretagne dans du bois importé du Canada. Les spores de ce champignon furent transmises aux ormes par un coléoptère. En sept ans, près des deux tiers des ormes du sud de la Grande-Bretagne furent ravagés, car, ayant évolué en l'absence de ce parasite, ils ne possédaient aucune défense contre cette forme de contrôle des populations.

Ces tunnels ont été forés par les larves d'un coléoptère lié à l'orme.

L'impact des prédateurs

La prédation est l'un des facteurs de contrôle des populations. Les araignées, par exemple, sont de très importants prédateurs des insectes. On a calculé qu'en zone tempérée il peut y avoir près de 5 millions d'araignées par hectare à certaines périodes de l'année. Comme une araignée mange au moins 100 insectes par an, on peut en déduire que, dans la plupart des pays tempérés, le poids annuel d'insectes consommés par les araignées dans chaque pays est supérieur à celui de l'ensemble de ses habitants.

Menaces sur la vie

Ce tableau montre les différents facteurs réduisant les 200 œufs pondus par un papillon de nuit aux deux qui survivront pour donner des adultes aptes à se reproduire. La survie des larves dépend de l'éclosion des œufs, qui doit correspondre avec l'éclatement des bourgeons de chêne dont se nourrissent les jeunes chenilles. Si les œufs éclosent trop tôt, avant l'éclatement des bourgeons, ou trop tard, lorsque les feuilles sont trop dures à manger, les chenilles meurent.

NOMBRE D'ŒUFS PONDUS PAR UNE FEMELLE DE PAPILLON DE NUIT	200
Cause de mortalité	Nombre concerné
Mortalité hivernale (disparition de certains œufs et forte mortalité de chenilles à l'éclosion)	184
Mouche parasite des chenilles	1
Autres parasites des chenilles	1, 5
Maladie des chenilles	2, 5
Prédateurs (musaraignes et coléoptères) détruisant les chrysalides dans le sol	8, 5
Guêpe parasite des chrysalides	0, 5
Total	198
NOMBRE D'ADULTES APTES À SE REPRODUIRE	2

Rouge-gorge mâle

Le territoire

Les membres d'une même espèce partagent forcément la même niche et entrent donc en compétition pour les ressources telles que la nourriture, l'espace ou un partenaire. Certaines espèces limitent le nombre des individus d'un secteur grâce à l'existence de territoires. Chaque individu défend un espace donné, surtout en période de reproduction, quand de la nourriture supplémentaire doit être distribuée aux jeunes. Le chant du rouge-gorge mâle et son plastron coloré interdisent l'accès de son territoire aux autres mâles qui seront combattus s'ils insistent. Les individus ne disposant d'aucun territoire ne pourront attirer de partenaire et ne nicheront pas. De cette façon, la concurrence au sein de l'espèce est contrôlée.

Criquet pondant dans le sable

Les germes du fléau

Contrairement aux espèces arctiques soumises à des cycles réguliers (p. 28), certains insectes sont sujets à des explosions démographiques irrégulières. Les criquets migrateurs deviennent un fléau après de fortes pluies procurant l'humidité indispensable au développement de leurs œufs pondus dans le sable. L'eau stimule aussi la croissance des plantes dont se nourrissent les criquets. S'ils échappent au contrôle exercé par de nombreux prédateurs ou parasites, les criquets forment d'énormes nuages et consomment toute la végétation locale, y compris les cultures, provoquant la famine dans certaines régions. Ceci est un exemple de l'effet d'un facteur non lié à la densité. Les écologues doivent donc étudier les conditions climatiques afin de prévoir les années pluvieuses.

Dans tout milieu, les ressources (alimentation ou place) disponibles pour chaque espèce sont limitées. Les écologues parlent de capacité de charge. Les êtres vivants réagissent de différentes façons à leur milieu et l'on connaît deux stratégies principales grâce auxquelles les végétaux et les animaux exploitent les ressources disponibles afin de permettre la survie des espèces. Certaines espèces se reproduisent aussi vite que possible. C'est la sélection r, r étant la mesure de la vitesse de croissance d'une population. En général, ces espèces consacrent leur énergie à produire de nombreux descendants à un rythme élevé. Elles sont plutôt petites et à faible longévité. Leurs populations peuvent s'effondrer en raison de modifications du milieu, mais la stratégie adoptée permet une remontée rapide. D'autres espèces se reproduisent plus lentement. Elles suivent une sélection de type K, leurs effectifs tendant à demeurer proches de K, terme mathématique désignant la capacité de charge. Ces espèces vivent d'ordinaire plus longtemps et consacrent leur énergie à un nombre réduit de descendants et pendant une période plus étendue.

Lent mais sûr

Chez les grands mammifères à sélection K, les jeunes naissent à un stade de développement avancé. L'éléphant, par exemple, a une longue gestation, n'a qu'un jeune à la fois et consacre beaucoup de temps et d'énergie à l'élever. Cette stratégie augmente les chances qu'a l'éléphanteau de survivre pour se reproduire à son tour.

Le principe d'Allee

Dans son livre *Sociétés animales*, le zoologiste américain Warder Clyde Allee (1885-1955) nota que les membres de certaines espèces se réunissent et en tirent divers avantages. En mettant l'accent sur la coopération et non sur la compétition, sa conception du comportement animal influa beaucoup sur la théorie écologique.

Une espèce à sélection K, l'ara ararauna

Pourtant cousins, l'ara américain et la perruche australienne n'ont pas les mêmes stratégies de survie.

Stratégies adaptées

La perruche ondulée est une espèce opportuniste, à sélection r, pondant de nombreux œufs et pourvue d'une faible longévité. À l'inverse, l'ara ararauna est une espèce stable, à sélection K, pondant moins d'œufs et vivant plus longtemps. L'essentiel de cette divergence stratégique tient aux différences existant entre les habitats des deux oiseaux. Pour surmonter les rudes conditions régnant dans le centre aride de l'Australie, la perruche doit être capable de profiter aussitôt des abondantes ressources liées aux pluies. Elle le fait en produisant en hâte un grand nombre de jeunes. Dans les conditions plus régulières de la forêt tropicale, l'ara peut consacrer davantage de temps à sa nichée.

Nid de souris avec jeunes

Beaucoup et souvent

Les petits mammifères sont plutôt à sélection r. La principale différence entre eux et ceux à sélection K réside dans la taille des portées et leur fréquence. Leurs jeunes, au nombre de 10 chez certaines souris, sont nidicoles. Ceci signifie qu'ils naissent à un stade précoce de développement, ce qui permet à la femelle de produire une autre portée tant que les conditions sont favorables.

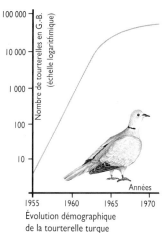

Évolution démographique de la tourterelle turque

L'occupation d'une niche

Vingt-cinq ans après son arrivée en Grande-Bretagne, la tourterelle turque y est devenue une espèce commune. Cette rapide augmentation, selon un facteur d'accroissement de 10 tous les 2, 3 ans, montre que l'espèce a été capable d'exploiter une niche jusqu'alors vacante (p. 26-27). Le tassement au sommet de la courbe indique que la taille de la population de cette tourterelle s'est stabilisée sans excéder la capacité de charge.

Du côté des daphnies

Ce graphique illustre les variations démographiques de daphnies élevées en laboratoire. La courbe, de type J, est typique de la croissance démographique d'une espèce à sélection r très affirmée, dans des conditions favorables. La population augmente rapidement puis décroît dès que l'effectif dépasse la capacité de charge du milieu. Observée dans des conditions naturelles, une telle courbe trahit une espèce à fluctuations, comme le lièvre arctique (p. 29).

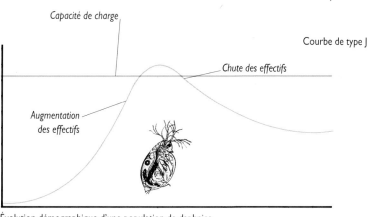

Évolution démographique d'une population de daphnies

Une espèce à sélection r, la perruche ondulée

Culture de levure au moment 1

Culture de levure au moment 2

Culture de levure au moment 3

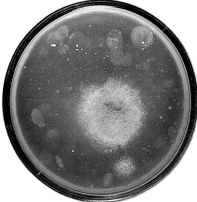

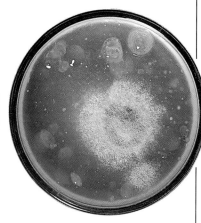

Une croissance contrôlée

L'observation de l'évolution d'une culture de levure en laboratoire et sa traduction sous forme de courbe permet de comprendre l'évolution d'une population à croissance contrôlée. Après un départ graduel, la taille de la population augmente assez vite puis ralentit et se tasse enfin lorsque la population approche de la capacité de charge. La colonie augmentant, ses membres réduisent leur rythme reproducteur face à des facteurs comme la réduction de la nourriture et l'augmentation des déchets. Les effets de ces facteurs s'accroissent avec l'augmentation des effectifs : ce sont des facteurs liés à la densité (p. 30). Le cas de la tourterelle turque (en haut à gauche) montre comment une espèce réagit à de tels facteurs dans la nature.

La courbe de croissance ci-contre, de type S, est typique de la majorité des organismes.

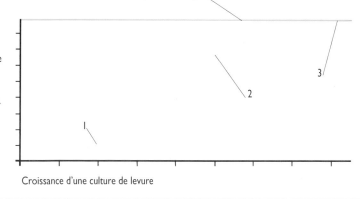

Croissance d'une culture de levure

L'étude de la succession

L'écologue américain Frederic E. Clements (1874-1926) fut un pionnier en matière d'utilisation des quadrats (p. 24) en vue d'étudier et d'identifier les différentes espèces constituant une communauté vivante. Il mena ses premiers travaux dans les prairies du Nebraska. En supprimant toute la végétation d'une zone donnée, il montra que dans chaque zone géographique les végétaux se succèdent dans un ordre donné en tendant vers une végétation de climax spécifique à la zone considérée.

Une pelouse semble être un milieu stable mais seuls des tontes régulières et des soins attentifs l'empêchent en fait d'évoluer. Livrée à elle-même, les mauvaises herbes l'envahissent et étouffent le gazon, bientôt remplacé par des broussailles. En zone tempérée, la pelouse finirait par se boiser. Lors d'une telle évolution, différentes espèces se succèdent. Une fois la stabilité atteinte, les niches exploitables sont plus nombreuses. La quantité totale de matière organique augmente, de même que la quantité d'énergie utilisée, mais le rythme de production diminue, si bien que, dans une forêt parvenue à maturité, la vitesse de croissance des arbres aura atteint son maximum.

LA SUCCESSION ÉCOLOGIQUE

Le processus naturel de transformation au cours duquel une communauté en remplace une autre s'appelle une succession écologique et met en œuvre divers types de changement. Le stade final, ou climax, est caractérisé par la stabilité du milieu.

Les grains de pollen de ces cinq essences sont bien identifiables.

Chêne
Bouleau
Citronnier
Orme
Pin

Une histoire naturelle

La croissance de chaque espèce de plante réclame des conditions particulières. L'identification des microscopiques grains de pollen dans le sol profond offre donc aux écologues des indices relatifs aux climats et aux autres conditions environnementales passées.

L'histoire écologique est inscrite dans le paysage

Ce paysage littoral présente un milieu concerné à la fois par une modification radicale et par le processus de succession le plus graduel. La mer érode le rivage et les racines d'un grand arbre ont été sapées, entraînant sa chute. Les flots ont également déposé du sable et modelé ainsi un long cordon littoral qui s'étend au loin. Ce cordon a empêché l'écoulement de l'eau venue des terres, formant de la sorte une lagune. Les rives de la lagune montrent la séquence des différentes phases de la succession. Une large phragmitaie marque le début du processus qui finira par l'assèchement de la zone humide, car les phragmites accumulent des particules de limon et d'argile. Au fur et à mesure de l'avancée des phragmites, le terrain situé en arrière devient plus sec et convient alors aux laîches et aux graminées. Ces dernières fournissent un substrat aux aulnes qui prospèrent en terrain humide. À leur tour, les aulnes cèdent la place à de plus grands arbres qui recherchent un sol plus sec, comme les chênes.

Arbre déraciné

Sol érodé par l'action de la mer

Cordon dunaire accumulé par la mer

L'équilibre

Dans la nature, l'évolution vers le climax est souvent contrariée par divers facteurs naturels. Les conditions climatiques, comme de fréquents vents forts ou des températures très basses, peuvent empêcher une communauté de parvenir au climax. Dans certains cas, des feux saisonniers contraignent le milieu à rester le même. Les agents biologiques jouent aussi un rôle important.

Certaines prairies doivent leur maintien aux animaux herbivores, comme les lapins, qui les habitent. En gardant l'herbe courte et en broutant les nouvelles pousses, ces animaux empêchent l'établissement de plantes nouvelles et diverses.

Vers le paradis

Comme toute surface dénudée, un récif corallien exposé (p. 46-47) est un milieu inhospitalier. Pourtant, avec le temps, le calcaire du récif est désagrégé par le vent, la pluie et la mer. Les particules ainsi créées se combinent avec d'autres matériaux et s'accumulent dans les anfractuosités. Les graines parvenant dans ces poches d'éléments nutritifs germent et deviennent des plantes, amorçant ainsi le processus de succession. Pour finir, les matériaux organiques issus des végétaux morts s'associent aux autres particules et forment un sol assez épais pour accueillir un éventail de végétaux, faisant de l'île corallienne un joyau vert.

Destruction et régénération

L'éruption d'un volcan peut exercer un effet hautement destructeur sur le paysage environnant en recouvrant de larges zones d'un blanc manteau de fragments de lave et de cendres. Pourtant, le processus de succession reprend bientôt et la recolonisation n'attend guère. Une fois le sol refroidi, les graines apportées par le vent ou véhiculées par les animaux peuvent profiter de la cendre nutritive pour autant qu'il y ait de l'humidité. Même le secteur du Krakatau, en Indonésie, qui fit violemment éruption en 1883 a rapidement été recolonisé.

Phragmitaie   Aulnes et chênes   Lagune   Chênes

Érosion due au passage   Phragmitaie   Laîches et graminées   Fougères   Aulne

Lorsque l'on observe des animaux ou des plantes, il est important de considérer l'histoire du milieu et l'évolution des espèces actuelles. Les relations entre les organismes et leur milieu durent depuis l'apparition même de la vie, voici quelque 3 500 millions d'années. On suppose que les premiers organismes vivants – les bactéries qui ont commencé à tirer l'énergie de la lumière solaire – ont produit l'oxygène qui devait rendre possible l'évolution d'autres formes de vie. La présence d'oxygène permit aussi la création de la couche d'ozone qui protège la vie du mortel rayonnement solaire ultraviolet. Le milieu a favorisé la création de la vie et la vie a aidé à créer le milieu favorable à la vie future.

Le botaniste britannique Arthur Tansley (1871-1955)

Arthur Tansley inventa en 1935 le terme écosystème. Ses travaux contribuèrent à la création, dès 1913, de la Société britannique d'écologie, la première au monde.

L'approche des écosystèmes

Par ses méthodes d'échantillonnage comparables à celles élaborées par Frederic Clements (p. 34), Arthur Tansley fut un pionnier en matière d'étude des communautés végétales et un partisan de l'approche écologique de la botanique.

L'ÉCOLOGIE ET LE TEMPS

L'étude de l'évolution, c'est-à-dire la manière dont des organismes donnés se sont adaptés à des niches données et ont à leur tour influé sur le milieu, peut être comprise comme l'étude de l'écologie en fonction de la durée.

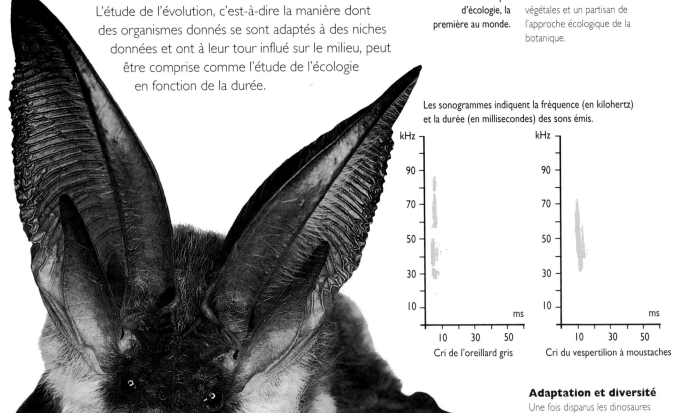

Les sonogrammes indiquent la fréquence (en kilohertz) et la durée (en millisecondes) des sons émis.

kHz

90

70

50

30

10

ms

10 30 50

Cri de l'oreillard gris

kHz

90

70

50

30

10

ms

10 30 50

Cri du vespertilion à moustaches

Adaptation et diversité

Une fois disparus les dinosaures et maints autres groupes, les chauves-souris bénéficièrent de vastes niches, riches et quasiment inexploitées, auxquelles elles s'adaptèrent rapidement, évoluant différemment selon leur répartition. Ces animaux émettent des sons dont l'écho leur sert à localiser obstacles et proies. Les quatre chauves-souris illustrées ici mangent toutes des insectes mais leurs sonogrammes révèlent qu'elles utilisent des fréquences différentes selon le lieu et la méthode de chasse.

Les hautes fréquences sont idéales pour localiser les cibles proches et repérer les obstacles mais ne portent pas aussi loin que les basses fréquences.

Oreillard gris

En dépit de ses grandes oreilles, l'oreillard ne jouit que de capacités d'écholocalisation assez faibles. Volant lentement, il utilise plutôt l'écholocalisation pour se diriger et repère en fait à l'ouïe les gros insectes bruyants qu'il chasse tandis qu'ils butinent.

Pipistrelle de Nathusius

Utilisant d'assez basses fréquences à la fin de son cri, cette pipistrelle chasse en terrain découvert et localise de très loin de petits insectes volants.

Le hasard et l'habitat

Dans toute population existent d'importantes modifications naturelles sur lesquelles joue la sélection naturelle pour générer l'évolution. Chez la graminée appelée brume du Yorkshire, certains individus sont capables de supporter des concentrations anormales de cuivre dans le sol. En général, ces sujets ne s'imposent pas et leur proportion demeure infime. Mais, près des mines de cuivre, ils sont les seuls à prospérer et finissent par l'emporter sur les autres.

Une graminée : le blé

Une modification naturelle a permis à cette graminée de s'adapter à une niche précise.

Cri de la pipistrelle de Nathusius

Cri de la noctule

Noctule

Le cri de cette espèce est très sonore et se propage en basses fréquences. Volant haut dans le ciel, loin des obstacles, la noctule est armée pour repérer les insectes dans un espace dégagé.

Vespertilion à moustaches

Vivant en lisière de bois, il doit éviter peu d'obstacles. Il utilise des fréquences basses et repère des petits insectes en vol.

Super-rat

La Warfarin, produit raticide, fut très efficace au début mais certains rats plus résistants survécurent. Leur descendance hérita cette aptitude et bientôt le produit se révéla inefficace. Face à chaque nouveau poison, l'espèce améliore ses capacités de résistance et l'on aboutit ainsi au super-rat.

Sa remarquable adaptabilité a fait du rat une espèce indésirable dont il est très difficile de limiter la population mondiale.

Tuatara

Peuplant des îles isolées au large de la Nouvelle-Zélande, ces tuataras sont les ultimes représentants d'un groupe disparu voici des millions d'années. Ces reptiles ont survécu, presque inchangés, depuis l'époque des dinosaures. Les modifications climatiques et les autres facteurs environnementaux semblent n'avoir eu que peu d'influence sur eux, pas plus que le besoin d'évoluer. Ce sont d'authentiques fossiles vivants. Les dinosaures, eux, constituaient un groupe dominant toute autre forme de vie sur Terre durant des millions d'années. Lorsque l'environnement se modifia, il y a 65 millions d'années, ils ne purent s'adapter aux nouvelles conditions et disparurent.

Les océans semblent abriter peu de vie végétale, à part les algues, mais la lumière solaire et la photosynthèse constituent pourtant la principale source d'énergie alimentant la vie marine, comme dans tout écosystème. En fait, le phytoplancton, formé des végétaux situés à la base du réseau trophique, est microscopique. La lumière solaire ne traversant qu'une faible profondeur d'eau, seules les couches de surface conviennent à la vie végétale. Comme ces facteurs, de même que la température et la salinité de l'eau, gouvernent la productivité végétale, certaines parties des océans sont très riches en phytoplancton et en autres éléments des chaînes alimentaires, alors que d'autres sont pratiquement dépourvues de vie.

La mort par le poison

La redoutable galère portugaise (ci-dessus) possède une « voile » qui lui permet de progresser sur l'eau sans effort. Arrivant au-dessus de sa proie par hasard, elle la paralyse avec ses longs filaments venimeux.

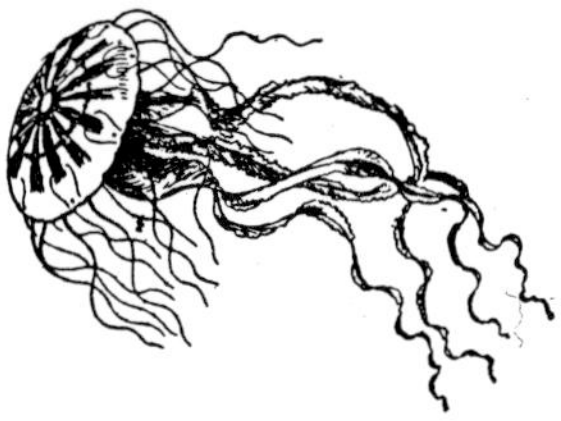

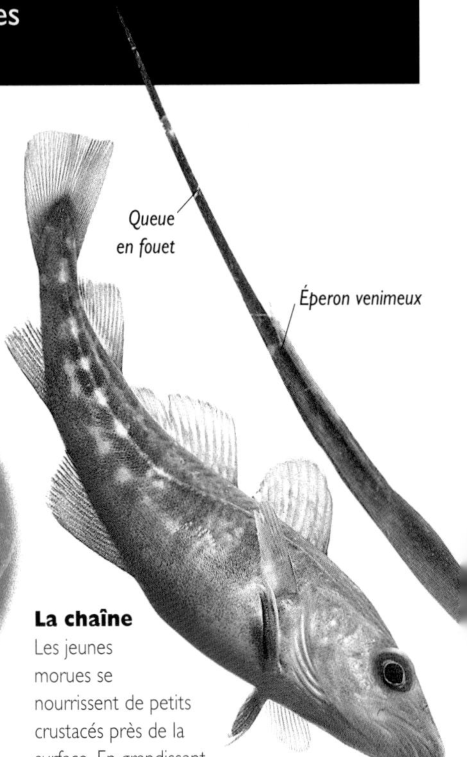

L'invisible support de la vie

Là où l'océan est richement pourvu en lumière et en éléments nutritifs, le microscopique plancton forme la base de la chaîne alimentaire. Le phytoplancton est constitué de minuscules végétaux comme les diatomées et les algues, à faible longévité et à renouvellement rapide. Il est mangé par le zooplancton (grossi, ci-contre), formé de minuscules animaux dérivant avec les courants. On y trouve de petits crustacés et les larves d'espèces plus grandes, poissons, crabes et méduses. Ceux-ci sont à leur tour consommés par du zooplancton plus important et par tout un éventail d'animaux filtreurs, des mollusques à la baleine bleue.

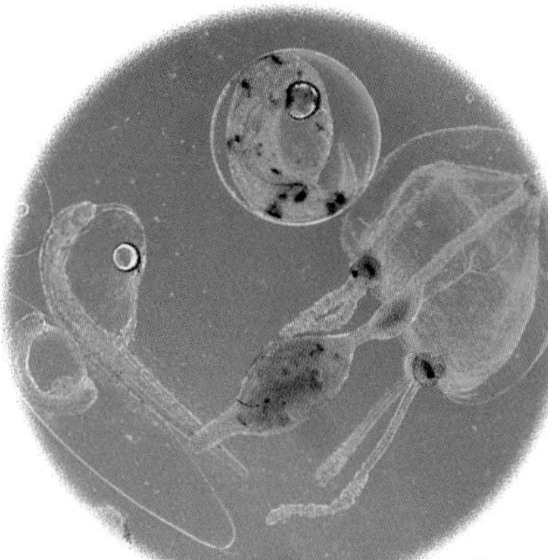

Queue en fouet

Éperon venimeux

La chaîne

Les jeunes morues se nourrissent de petits crustacés près de la surface. En grandissant, elles remontent la chaîne alimentaire. Gagnant l'eau plus profonde, elles y mangent crustacés, petits poissons et vers. Plus tard, elles capturent presque uniquement d'autres poissons. Les chaînes alimentaires marines sont souvent plus longues que les chaînes terrestres, car différents poissons peuvent être carnivores, se nourrissant de poissons avant d'être mangés par d'autres.

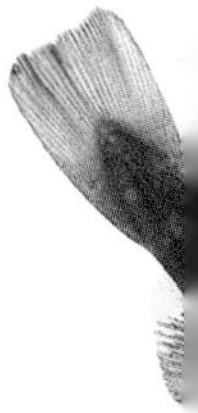

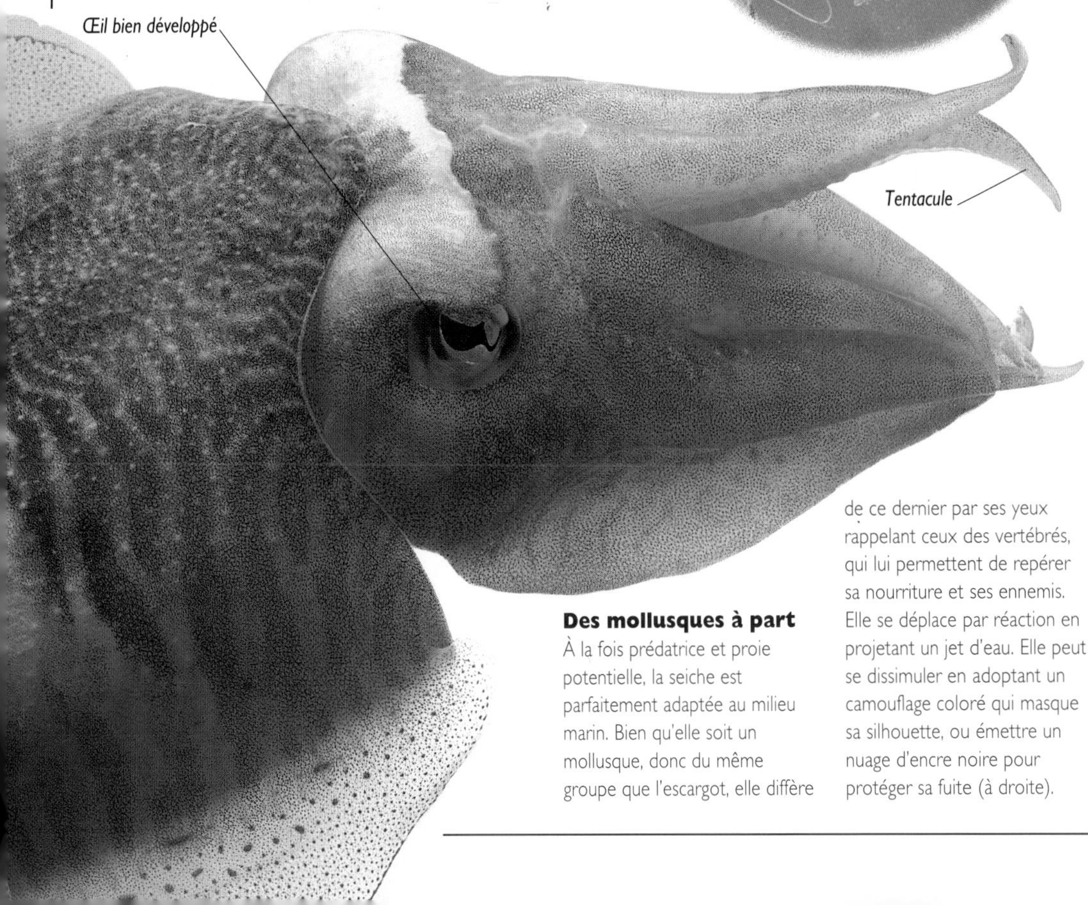

Œil bien développé

Tentacule

Des mollusques à part

À la fois prédatrice et proie potentielle, la seiche est parfaitement adaptée au milieu marin. Bien qu'elle soit un mollusque, donc du même groupe que l'escargot, elle diffère de ce dernier par ses yeux rappelant ceux des vertébrés, qui lui permettent de repérer sa nourriture et ses ennemis. Elle se déplace par réaction en projetant un jet d'eau. Elle peut se dissimuler en adoptant un camouflage coloré qui masque sa silhouette, ou émettre un nuage d'encre noire pour protéger sa fuite (à droite).

Sur la vague

Les aiguillettes vivent en bancs en pleine mer, près de la surface, et capturent des petits poissons à l'aide de leurs longues mâchoires garnies de dents aiguës. Elles fuient les prédateurs en vibrant de la queue afin de fendre l'eau, l'avant du corps émergé.

Courants d'abondance

Cette image informatisée due à un satellite (à droite) montre la répartition du phytoplancton dans l'océan Pacifique, au large du Pérou (zone noire). Les fortes concentrations figurent en rouge. Les éléments nutritifs tendent à tomber au fond de l'eau, mais les courants froids venant des profondeurs peuvent les faire remonter, comme ici. L'abondance de nourriture génère une productivité élevée à la base de la chaîne alimentaire. Cette richesse biologique a permis l'établissement d'une industrie de la pêche reposant principalement sur les anchois.

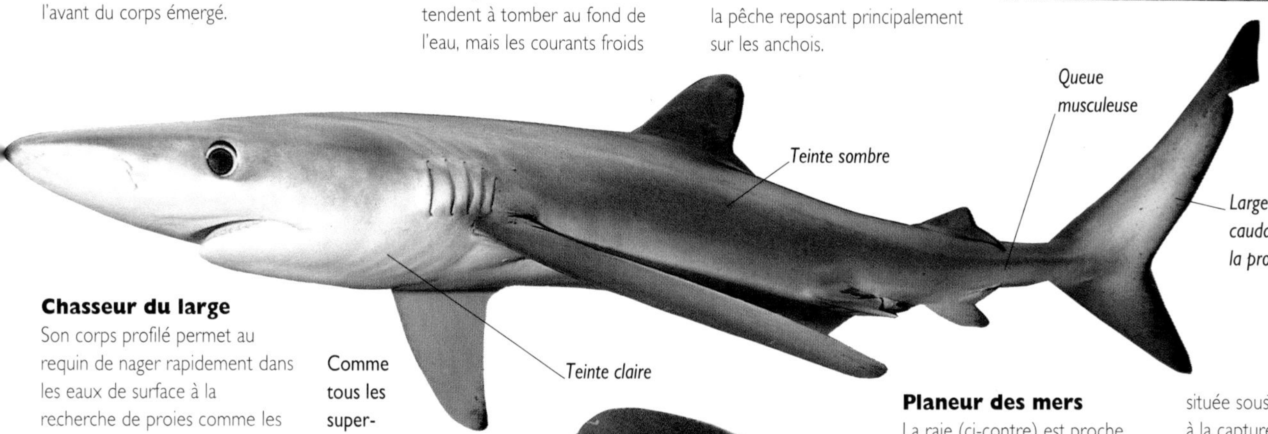

Queue musculeuse

Teinte sombre

Large nageoire caudale assurant la propulsion

Chasseur du large

Son corps profilé permet au requin de nager rapidement dans les eaux de surface à la recherche de proies comme les poissons en bancs et les seiches. Sa coloration, avec un dos bleu foncé et un ventre blanc, assure un bon camouflage. Le requin est en effet moins visible, qu'il soit vu de dessus sur fond sombre ou de dessous sur fond lumineux. Cela est essentiel pour approcher les proies potentielles.

Comme tous les super-prédateurs, le requin est rare par rapport aux poissons dont il se nourrit.

Teinte claire

Planeur des mers

La raie (ci-contre) est proche du requin. On la trouve près du fond, plutôt en eau peu profonde. Les espèces vivant dans cette zone sont dites benthiques. Le corps de la raie est aplati et sa bouche, située sous le corps, est adaptée à la capture de crabes et de coquillages. Les yeux sont placés sur le dessus et l'animal respire grâce à des fentes branchiales permettant l'admission de l'eau lorsque la raie est posée au fond. La queue en fouet est dotée d'un éperon venimeux défensif.

Les crustacés, comme cette araignée de mer, forment un vaste groupe d'invertébrés surtout aquatiques.

Morue nageant en banc afin d'être moins exposée aux prédateurs

Crabes géants des profondeurs

Les invertébrés marins habitent surtout les eaux peu profondes où la lumière autorise une bonne productivité du phytoplancton. Très peu de crabes vivent au large mais le plus grand de tous les crustacés, le crabe du Kamtchatka, vit dans les profondes fosses océaniques au large du Japon. On a pêché des spécimens d'une envergure de 3,70 m.

L'avancée des déserts

Dans les régions pauvres en eau, une mauvaise gestion peut rapidement conduire à la désertification de terres autrefois productives, notamment en marge des déserts existants. Autour du Sahara, la population croissante et le manque de pâtures ont entraîné la surexploitation de zones à présent condamnées.

Cactus

Quand le désert fleurit

Les plantes du désert peuvent réagir vite quand il finit par tomber assez de pluie. Parfois, les graines peuvent germer, donner des plantes, fleurir et fructifier en deux semaines. Ces fleurs à courte vie, nommées éphémères, ont souvent des pétales vivement colorés pour attirer les insectes du désert, au cycle biologique également bref.

Les traits propres à tous les déserts sont l'absence d'eau – moins de 25 cm de pluie par an – et un environnement difficile. Les conditions propices aux déserts se retrouvent dans plusieurs régions du monde (p. 9) mais les exemples choisis ici émanent surtout des États-Unis. La plupart des déserts reçoivent des pluies qui, bien qu'irrégulières, rendent néanmoins possible la vie dans ces milieux arides. La température y varie beaucoup. De nombreux déserts sont brûlants de jour et peuvent être très froids la nuit. Les éléments nutritifs sont plus limités que dans d'autres écosystèmes car l'humidité est insuffisante pour favoriser bactéries et champignons assurant la décomposition. Pourtant, des êtres vivants ont appris à vivre presque sans eau et à économiser une énergie précieuse. La recherche d'éléments nutritifs est un problème pour tous les habitants des déserts et l'on estime que l'essentiel de la biomasse (p. 10) végétale de ces zones existe sous forme de réserves souterraines comme les racines et les tubercules.

Les graines de certaines de ces plantes sont enduites de substances chimiques interdisant la germination jusqu'à ce qu'elles soient dissoutes par la pluie.

La mort cachée dans les rochers

Le crotale, ou serpent à sonnette, chasse la nuit à l'aide de ses trous faciaux sensibles à la chaleur émise par les animaux à sang chaud comme le rat-kangourou. Son venin, injecté lors d'une morsure, tue vite les proies mais pas immédiatement. Grâce aux détecteurs d'odeurs de sa langue, le crotale suit sa victime agonisante puis la dévore. Cette méthode utilise le moins d'énergie possible, ce qui est vital dans le désert. L'originale « sonnette » au bout de la queue est sans doute destinée à prévenir les gros animaux susceptibles de piétiner le reptile.

Marques colorées assurant le camouflage dans le désert pierreux

Trou sensible à la chaleur

Langue olfactive

Comme les autres serpents, le crotale est sourd et ne peut entendre son tintement de sonnette.

Sonnette

Économies d'énergie

Comme le crotale, les scorpions du désert suppléent à la dépense physique qu'il faudrait déployer pour la chasse par un venin puissant, beaucoup plus que celui d'autres espèces. Il leur permet de tuer de très grosses proies. En revanche, leurs pinces sont plutôt réduites car elles ne servent pas à des luttes coûteuses en énergie.

Dard

Petite pince

Un équilibre thermique précis

Les milieux désertiques conviennent aux reptiles. Leur peau sèche et écailleuse retient l'eau et leur métabolisme lent leur permet de supporter le manque de nourriture. La maîtrise de la température doit être très précise car chaque espèce possède sa propre température idéale, parfois proche de celle entraînant la mort.

Côtes extensibles

Le lézard à collier se cache dans les rochers ou le sable pour fuir la chaleur et contrôle sa température interne.

Bec acéré pour dépecer la chair

Parée à tuer

La buse de Harris se nourrit surtout de reptiles et a besoin d'un vaste territoire de chasse afin de disposer d'assez de proies. Un animal mangeur de reptiles doit faire face à des proies bien dotées en muscles et souvent pourvues de dents ou de crochets. La buse de Harris est donc armée de puissantes serres pour venir à bout de proies promptes à s'entortiller, et de longues pattes couvertes d'« écailles » (ou scutelles) protectrices lui permettant de se tenir hors de portée des moyens de défense de ses victimes.

La buse de Harris est un super-prédateur des déserts.

Scutelles protectrices

Serres puissantes

Réserves d'eau

L'eau de pluie que les cactus absorbent grâce à leurs racines peu profondes mais étendues est ensuite stockée dans le corps de la plante, parfois côtelé pour permettre le gonflement. Les piquants dissuadent les animaux de s'attribuer ces réserves d'eau. Les cactus ont la particularité d'absorber le gaz carbonique la nuit en ouvrant leurs stomates (p. 9) quand l'air est plus frais, ce qui réduit les pertes d'eau.

Large queue servant de gouvernail

Piquants défensifs

Un habitant des dunes

Tous les déserts abritent de petits rongeurs qui, comme ce rat-kangourou, peuvent survivre sans boire. Ils parviennent à obtenir de l'humidité grâce aux graines qu'ils consomment, et évitent la déperdition d'eau en excrétant une urine très concentrée. Ils vivent dans de fraîches galeries souterraines où l'humidité relative peut être trois fois supérieure à celle du sol en surface.

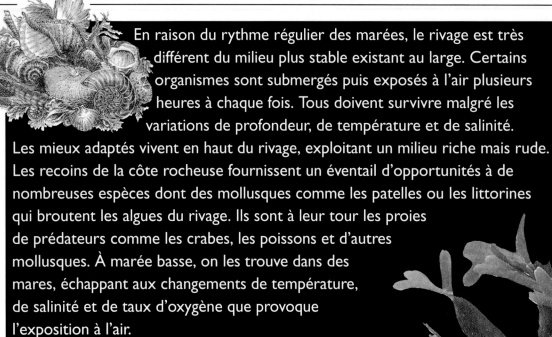

En raison du rythme régulier des marées, le rivage est très différent du milieu plus stable existant au large. Certains organismes sont submergés puis exposés à l'air plusieurs heures à chaque fois. Tous doivent survivre malgré les variations de profondeur, de température et de salinité. Les mieux adaptés vivent en haut du rivage, exploitant un milieu riche mais rude. Les recoins de la côte rocheuse fournissent un éventail d'opportunités à de nombreuses espèces dont des mollusques comme les patelles ou les littorines qui broutent les algues du rivage. Ils sont à leur tour les proies de prédateurs comme les crabes, les poissons et d'autres mollusques. À marée basse, on les trouve dans des mares, échappant aux changements de température, de salinité et de taux d'oxygène que provoque l'exposition à l'air.

Fucus vésiculeux

La multitude des coquillages et des algues échoués témoigne de la vie florissante de la zone des marées.

Les premiers maillons de la chaîne

De même que le phytoplancton, les algues sont à la base de la chaîne alimentaire côtière. Elles sont adaptées de diverses manières à ce milieu. Certaines ont de souples frondes résistantes pour supporter l'assaut des vagues. D'autres possèdent des crampons semblables à des racines pour s'accrocher aux rocs. Le fucus est doté de sacs pneumatiques maintenant ses frondes près de la lumière de la surface. La mince laitue de mer supporte diverses conditions, y compris l'eau polluée. Les algues rouges contiennent un pigment, la phycoérythrine, autorisant la vie en eau trouble pauvre en lumière. Le madrépore sur lequel est posée l'anémone de mer ressemble à une algue mais est en fait une colonie de minuscules animaux filtreurs appelés bryozoaires. Chacun d'eux est protégé par une loge de matériau crayeux ou corné qui lui sert d'abri.

Étoiles et piquants

Les oursins rampent en grand nombre sur les surfaces dures, se nourrissant d'algues et de petits animaux incrustés. Leur cousine l'étoile-de-mer est un grand prédateur au sein de la communauté littorale. Elle se nourrit en enveloppant un coquillage, une moule par exemple, de ses « bras » puis en se servant de ses nombreux pieds ambulacraires pour l'ouvrir. Elle introduit ensuite son estomac entre les valves et excrète des sucs digestifs produisant une sorte de soupe qu'elle absorbe.

Étoile-de-mer

Madrépore

Oursin

Coques

Rouquier

Un régime étendu

Les crabes verts se trouvent dans toutes les zones du rivage, depuis la plus haute mare au milieu des rochers jusqu'à 6 m de profondeur. Ce sont de voraces carnivores se nourrissant surtout de vers mais aussi de déchets végétaux et animaux, broyant leur nourriture grâce à leurs robustes mandibules. Ces crabes sont à la fois consommateurs secondaires (p. 10) et détritivores (p. 14).

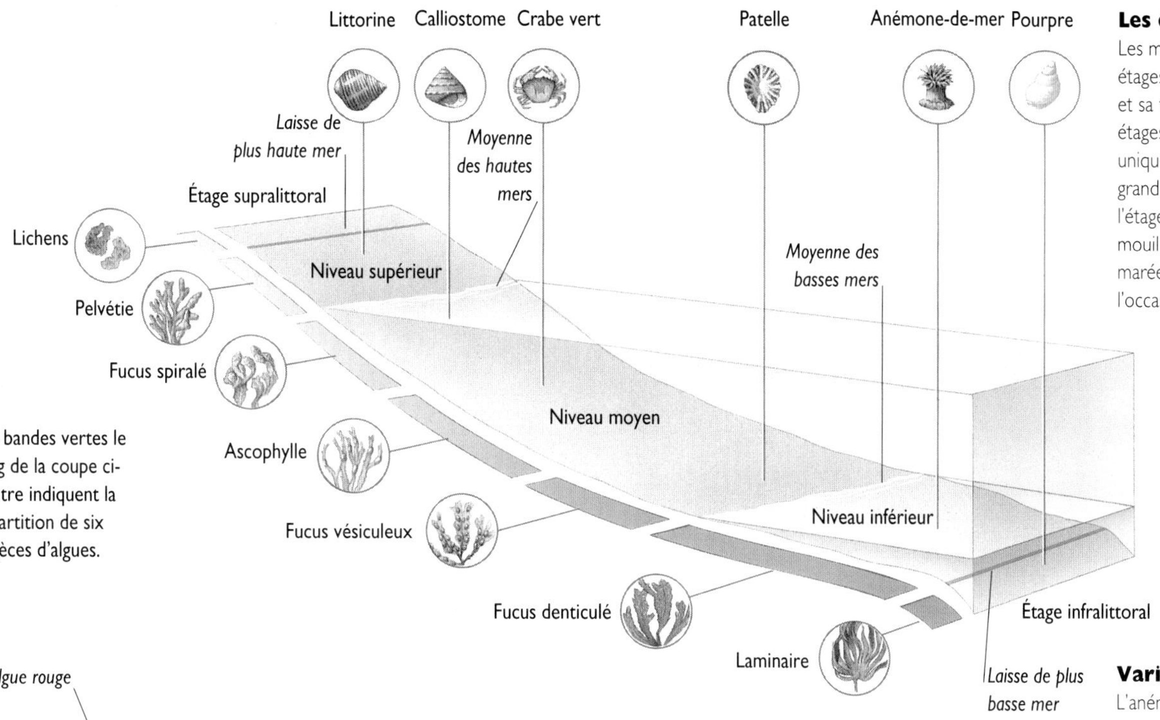

Littorine Calliostome Crabe vert

Patelle

Anémone-de-mer Pourpre

Laisse de plus haute mer

Moyenne des hautes mers

Étage supralittoral

Lichens

Moyenne des basses mers

Niveau supérieur

Pelvétie

Fucus spiralé

Les bandes vertes le long de la coupe ci-contre indiquent la répartition de six espèces d'algues.

Ascophylle

Niveau moyen

Fucus vésiculeux

Niveau inférieur

Fucus denticulé

Étage infralittoral

Laminaire

Laisse de plus basse mer

Les étages du rivage

Les marées divisent le rivage en étages possédant chacun sa flore et sa faune propres. Ces trois étages vont de l'étage infralittoral, uniquement découvert aux grandes marées de printemps, à l'étage supralittoral, seulement mouillé lors de ces mêmes marées printanières ou à l'occasion des tempêtes. Entre les deux se succèdent les trois niveaux de l'étage médiolittoral tour à tour submergé et découvert deux fois par jour. Les algues diffèrent selon ces zones, chacune préférant des conditions de vie particulières.

Variété de formes

L'anémone-de-mer se défend des attaques en rentrant ses tentacules pour devenir une boule molle comme celle visible ici. À sa gauche, la boule jaune est un citron-de-mer, sorte de limace marine portant ses branchies sur le dos. Il vit normalement en eau plus profonde et ne s'aventure près du rivage qu'en été, pour s'y reproduire. La galatée, en dessous, est un crustacé qui, inquiété, se sert de sa queue en éventail pour nager à reculons.

Coquilles et nageoires

Le pourpre se nourrit de moules et autres mollusques. Il fore lentement leur coquille à l'aide de sa longue langue fine et injecte des sucs digestifs pour dissoudre les tissus. Les anfractuosités procurent nourriture et abri à de nombreux poissons comme le rouquier représenté ici. Sur le sable, le polychète se nourrit de plancton. Logé dans un tube coriace, il étale ses tentacules pour filtrer sa nourriture flottante.

Algue rouge

Citron-de-mer

Laitue-de-mer

Pourpre

Galatée

Anémone-de-mer

Un simple rocher submergé peut abriter diverses créatures marines.

Rouquier

Coquille de pourpre

Polychète

Il existe deux types de forêts en zone tempérée, entre les tropiques et les cercles polaires. Ce sont les forêts de feuillus avec hêtres, chênes, charmes et bouleaux, et les forêts de conifères composées de pins et de sapins. Initialement, presque tout l'hémisphère Nord était sans doute couvert par la forêt, car il s'agit de la végétation de climax (p. 34) dans cette partie du monde. Au cours des siècles derniers, d'immenses forêts du nord de l'Europe et de l'Amérique du Nord ont été abattues pour servir de combustible ou de bois d'œuvre, ou bien pour céder la place aux terres agricoles. Dans de nombreux pays, il ne reste plus que très peu de forêt intacte et la plupart des résineux ont été plantés par l'homme.

Forêts de feuillus
Les arbres à feuilles caduques possèdent des feuilles aplaties pour capter la lumière. Ils croissent moins vite que les conifères et poussent surtout au printemps. Leurs feuilles tombent à l'automne et sont renouvelées au printemps suivant.

À l'affût
La chouette hulotte (ci-dessus) est un prédateur situé au sommet de la chaîne alimentaire des forêts de feuillus. Elle capture surtout de petits rongeurs.

Les trésors du sous-bois
La forêt de feuillus produit chaque année une grande quantité de matière (surtout du bois) : jusqu'à 1,5 kg par mètre carré. La canopée offre un large éventail de fruits, graines et baies mais, les jeunes végétaux ne pouvant croître à l'ombre des adultes, les semences doivent être dispersées. Certains oiseaux consomment des baies et déposent les graines loin du pied mère par l'intermédiaire de leurs fientes. Les graines d'érables, munies d'ailes, volent au vent. Au sol, les mousses poussent sur les branches pourries et la chute des feuilles – 3 tonnes par hectare – procure de la nourriture à des organismes comme les champignons et de petits animaux qui les détruisent et en recyclent les éléments nutritifs.

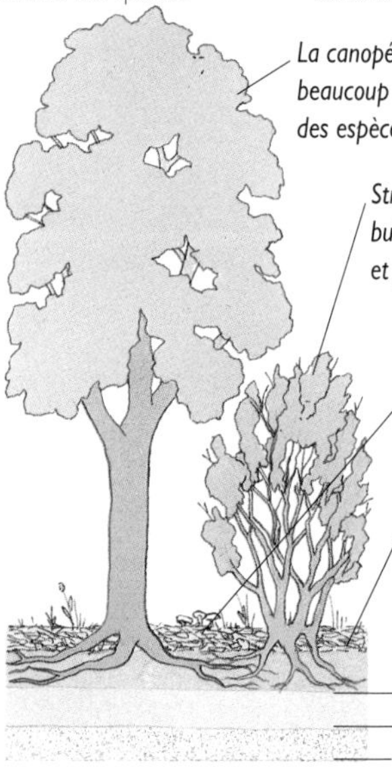

La canopée bénéficie de beaucoup de lumière ; la plupart des espèces forestières y vivent.

Strate arbustive : grands buissons, arbustes et jeunes arbres

Strate herbacée : végétaux tolérant une lumière pauvre

Strate muscinale : plantes recherchant ombre et humidité

Terre végétale
Sous-sol
Roches

Strates
La quantité de lumière reçue décroît du sommet de la forêt vers le sol. Cet effet d'étagement rappelle celui existant dans le milieu marin.

Armillaires

Mousse

Marron d'Inde

Bogue de marron

Jeunes vesses

Litière de hêtraie

Strobiles d'aulne

Samares d'érable

Baies d'yèble

Baies de bryone

Fruits de rosier des champs

Enveloppes de faines (fruits du hêtre)

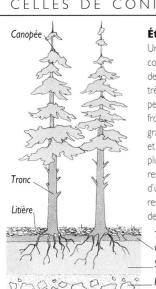

Canopée

Tronc

Litière

Terre végétale

Sous-sol

Roches

Étagement

Un jeune peuplement de conifères, où les arbres mesurent de 6 à 12 m, est écologiquement très simple. Peu de végétaux peuvent survivre sous les épaisses frondaisons. Mais, les arbres grandissant, celles-ci s'éclaircissent et permettent la pénétration de plus de lumière. L'étagement ressemble alors davantage à celui d'un boisement de feuillus mais reste moins riche en raison de la pauvreté du sol.

Pelote de chouette hulotte

Poils, plumes et os

Crâne de campagnol

Pelotes de réjection

Les écologues ont souvent besoin de savoir ce que mangent les animaux. Certains oiseaux, comme les rapaces nocturnes et les corbeaux, régurgitent les éléments indigestes sous forme de pelotes. Ces dernières fournissent de précieuses informations sur le régime alimentaire grâce à l'identification d'os, de poils et de plumes. Le hibou moyen duc (à droite)

Os de rongeurs

La chouette hulotte a avalé au moins trois rongeurs.

occupe une niche similaire dans les conifères. Il capture aussi des rongeurs et de petits oiseaux mais peut aussi s'attaquer à des geais.

Forêt de conifères

Les conifères ont une forme pyramidale qui évite que la neige ne brise les branches, et des feuilles cireuses en aiguilles. Ils sont ainsi adaptés aux climats froids et aux pluies assez faibles. Les feuilles tombent mais sont sans cesse remplacées. L'écologie des forêts de conifères est très différente de celle des forêts de feuillus. Comme les résineux portent toujours des feuilles, ils empêchent la lumière d'atteindre le sous-bois.

Dans les forêts de conifères, la flore du sous-bois est fort limitée et ne comprend que des espèces supportant l'ombre, comme les fougères et les champignons.

Lente décomposition

Le sous-bois est très acide car la litière y est formée d'aiguilles elles-mêmes acides. Les décomposeurs si actifs sous les feuillus ne peuvent ici prospérer. Les éléments nutritifs, aiguilles et branches, tombant au sol ne sont que lentement décomposés, surtout par les champignons.

Rameaux de pin sylvestre

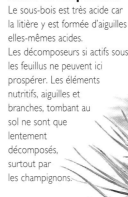

Litière composée d'aiguilles et de branchettes

Les cercles du temps

Un tronc d'arbre coupé dévoile les anneaux produits par les variations du rythme de croissance. Les anneaux larges correspondent à la forte croissance printanière. Les anneaux étroits, plus sombres, sont dus à la concentration de matière durant la lente croissance hivernale, produisant un bois plus dense. Ce rythme annuel facilite la tâche des écologues désireux de connaître l'âge des arbres et de prévoir l'évolution d'un peuplement donné. De telles études sont couramment appliquées à la gestion d'organismes économiquement importants comme les arbres et les poissons.

Cône de pin sylvestre

Anneaux de croissance sur une coupe de tronc

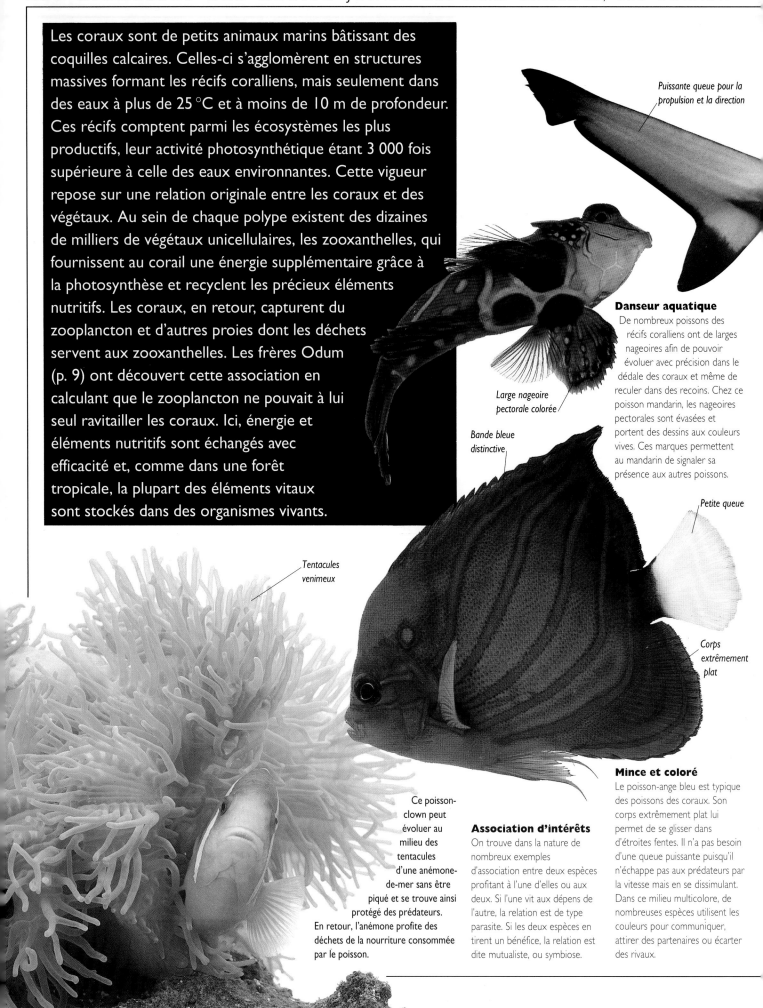

Les coraux sont de petits animaux marins bâtissant des coquilles calcaires. Celles-ci s'agglomèrent en structures massives formant les récifs coralliens, mais seulement dans des eaux à plus de 25 °C et à moins de 10 m de profondeur. Ces récifs comptent parmi les écosystèmes les plus productifs, leur activité photosynthétique étant 3 000 fois supérieure à celle des eaux environnantes. Cette vigueur repose sur une relation originale entre les coraux et des végétaux. Au sein de chaque polype existent des dizaines de milliers de végétaux unicellulaires, les zooxanthelles, qui fournissent au corail une énergie supplémentaire grâce à la photosynthèse et recyclent les précieux éléments nutritifs. Les coraux, en retour, capturent du zooplancton et d'autres proies dont les déchets servent aux zooxanthelles. Les frères Odum (p. 9) ont découvert cette association en calculant que le zooplancton ne pouvait à lui seul ravitailler les coraux. Ici, énergie et éléments nutritifs sont échangés avec efficacité et, comme dans une forêt tropicale, la plupart des éléments vitaux sont stockés dans des organismes vivants.

Puissante queue pour la propulsion et la direction

Danseur aquatique
De nombreux poissons des récifs coralliens ont de larges nageoires afin de pouvoir évoluer avec précision dans le dédale des coraux et même de reculer dans des recoins. Chez ce poisson mandarin, les nageoires pectorales sont évasées et portent des dessins aux couleurs vives. Ces marques permettent au mandarin de signaler sa présence aux autres poissons.

Large nageoire pectorale colorée

Bande bleue distinctive

Petite queue

Corps extrêmement plat

Tentacules venimeux

Mince et coloré
Le poisson-ange bleu est typique des poissons des coraux. Son corps extrêmement plat lui permet de se glisser dans d'étroites fentes. Il n'a pas besoin d'une queue puissante puisqu'il n'échappe pas aux prédateurs par la vitesse mais en se dissimulant. Dans ce milieu multicolore, de nombreuses espèces utilisent les couleurs pour communiquer, attirer des partenaires ou écarter des rivaux.

Ce poisson-clown peut évoluer au milieu des tentacules d'une anémone-de-mer sans être piqué et se trouve ainsi protégé des prédateurs. En retour, l'anémone profite des déchets de la nourriture consommée par le poisson.

Association d'intérêts
On trouve dans la nature de nombreux exemples d'association entre deux espèces profitant à l'une d'elles ou aux deux. Si l'une vit aux dépens de l'autre, la relation est de type parasite. Si les deux espèces en tirent un bénéfice, la relation est dite mutualiste, ou symbiose.

Nageoire dorsale

Corps hydrodynamique

Rôdeur aux aguets

Le requin à pointes noires fréquente les abords des récifs et peut atteindre 2,40 m de long. Il n'est pas aussi mince ni manœuvrant que les poissons vivant parmi les coraux, mais est en revanche fuselé et parfaitement adapté à la vie en eau profonde. Ce superprédateur longe les récifs coralliens et profite de leur productivité élevée en se nourrissant des poissons qui y prospèrent.

Nageoire pectorale

Puissantes mâchoires dotées de dents acérées

Un baiser destructeur

Le baliste, au corps comprimé latéralement, est un hôte typique des récifs coralliens. Grâce à sa morphologie, il parvient à se faufiler aisément entre les coraux où il recherche les mollusques et les oursins. Ses robustes lèvres, recouvertes de plaques de protection cornées et actionnées par des muscles puissants, lui permettent de venir à bout des coquilles les plus coriaces. Certaines espèces de poissons à lèvres cornées, le poisson-perroquet par exemple, se sont spécialisées dans la consommation du corail lui-même. Ces poissons grignotent le calcaire constituant le récif corallien et accèdent ainsi aux polypes charnus.

Baliste

Lèvres cornées

Différents polypes coralliens cohabitent souvent.

Jungle calcaire

Le récif corallien est un superbe mélange de coraux aux formes et aux couleurs multiples. Incapable de se mouvoir, chaque espèce de corail se reproduit en expulsant œufs et sperme au cours d'une seule et même nuit afin d'obtenir les conditions optimales de fécondation. Les tout jeunes polypes ainsi créés dérivent puis se posent sur une surface, en général le récif lui-même, où ils pourront s'établir.

Indésirable ?

Depuis des années, la Grande Barrière de corail, au large du nord-est de l'Australie, subit les attaques d'une étoile-de-mer qui mange les polypes et entraîne la destruction de leurs squelettes. Bien que la Grande Barrière mesure 2 000 km, on craint que les myriades d'étoiles-de-mer ne finissent par la détruire. Des chercheurs estiment que les engrais parviennent à la mer et favorisent les larves des étoiles-de-mer mais ceci n'a pas été prouvé.

D'autres spécialistes pensent qu'il s'agit d'un phénomène naturel permettant le rajeunissement des récifs. La question reste posée.

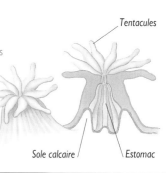

Mérou tacheté

Labre

Hygiène dentaire

Plusieurs espèces de crevettes et de poissons nettoyeurs se nourrissent des parasites affectant la peau, la gueule et les branchies de gros poissons qui devraient normalement les dévorer.

Ce labre picorant les parasites dans la gueule d'un mérou tacheté illustre une forme de coopération existant à travers le récif.

Dans le polype

Comme les anémones-de-mer, les coraux portent des tentacules pour capturer leurs proies. Ils produisent en outre des soles calcaires. Au fil des générations, ces soles s'agrègent pour former les récifs que les coraux continuent à coloniser.

Tentacules

Sole calcaire

Estomac

Vautour de Rüppell

Les savanes de l'Afrique de l'Est comptent parmi les prairies les mieux étudiées au monde. Malgré deux saisons des pluies annuelles, les précipitations, imprévisibles et faibles, maintiennent ces régions à l'état de prairie. L'herbe supporte la sécheresse, et les prairies ont beaucoup en commun avec les régions arides. De riches sols volcaniques fournissent l'essentiel de ses éléments nutritifs à l'herbe qui est la nourriture principale des consommateurs primaires représentés par d'immenses troupeaux d'herbivores. Ces derniers approvisionnent les carnivores comme les lions ou les panthères. L'herbe est très résistante et peut être piétinée, brûlée ou broutée car ses feuilles prennent naissance juste sous le sol et ne tardent pas à repousser. La combinaison de la sécheresse, du brûlage – remis en cause par certains écologues – et du pâturage assure la pérennité des milieux herbeux.

Charognards

Les vautours vivent des cadavres d'animaux, surtout ceux tués par des prédateurs. Ces décomposeurs jouent un rôle primordial dans la chaîne alimentaire de la savane. Chaque espèce consomme une certaine partie des cadavres.

Le partage de ressources limitées

Les milieux herbeux abritent une faible diversité d'espèces végétales. Pourtant, ils sont habités par une grande variété d'animaux herbivores qui coexistent en exploitant des niches distinctes. Dans le Parc national de Nairobi, au Kenya, on compte environ 40 grands mammifères herbivores au kilomètre carré. Certains d'entre eux broutent des graminées (terme générique désignant l'ensemble des herbes) particulières, ou encore telle ou telle partie d'une plante donnée. Les herbivores de taille différente atteignent divers niveaux de végétation. Ainsi, alors que les girafes grignotent les hautes branches, l'élan du Cap broute les feuilles et les rameaux intermédiaires, et le minuscule dik-dik consomme la végétation inférieure. Chaque espèce occupe sa propre niche et évite la concurrence directe avec les autres, même si leurs besoins se recoupent.

Écarter les herbivores

Les acacias supportent la sécheresse et le brûlage occasionnel des prairies. Ils se défendent aussi contre les prélèvements destructeurs d'herbivores comme les girafes grâce à leurs épines acérées et à un procédé chimique. Lorsque le feuillage d'un acacia est brouté, l'arbre réagit en dirigeant des substances chimiques toxiques vers ses feuilles, obligeant ainsi l'herbivore à cesser d'exploiter cet arbre.

Paysage de savane

Ce tableau montre comment différentes espèces se partagent la savane.

	Sitatunga	Cobe à croissant		
		Éléphant		
	Cobe Léché	Guib harnaché		
	Cobe puku		Oréotrague	
	Oribi	Impala		
	Cobe des roseaux			
	Bubale			
	Élan du Cap			
		Buffle		
	Gazelle de Grant	Girafe		
	Phacochère			
	Zèbre			
	Gnou			
	Hippotrague			
	Rhinocéros noir			

LÉGENDE

■ Milieu préférentiel

▮▮▮ Incursions occasionnelles

| MARAIS | PLAINE INONDÉE | PRAIRIE | BROUSSE ET SAVANE ARBORÉE | COLLINES ROCHEUSES |

Tour de refroidissement

Les termites, insectes sociaux comme les fourmis, édifient ces étonnantes constructions dominant la savane. Un système intégré de ventilation permet à la reine de bénéficier d'une température constante. Elle peut ainsi pondre ses œufs afin de maintenir le nombre des termites de la colonie qui peut en abriter plusieurs milliers. Les termites se nourrissent de matière végétale morte ou y font pousser des champignons qu'ils mangent ensuite. Les termites sont consommés par des animaux comme l'oryctérope.

Les gnous en migration n'hésitent pas à franchir les fleuves. Les vautours profitent de ceux qui périssent noyés.

Migrations en masse

La plaine du Serengeti, en Afrique de l'Est, accueille environ 300 000 gnous sur 38 000 km^2 de prairies. Les gnous, sortes d'antilopes, sont les consommateurs primaires les plus abondants du Serengeti et la principale ressource alimentaire des lions et des hyènes. À certaines époques de l'année, d'immenses troupeaux de gnous migrent en quête d'eau, de nouveaux pâturages et pour se reproduire. Cet exode oblige les prédateurs à se rabattre sur d'autres proies, comme les gazelles de Grant qui, ayant moins besoin d'eau, n'ont pas à migrer.

Cachés dans l'herbe

Les serpents et les lézards supportent bien la saison sèche propre à la savane et abondent dans ce milieu. Ces reptiles portent souvent des teintes neutres à base de gris et de brun qui leur permettent de se confondre avec le milieu, surtout lorsque l'herbe rase et desséchée offre une maigre protection.

Le camouflage de la vipère heurtante la protège des oiseaux prédateurs comme les calaos, les aigles ou le secrétaire.

Teintes grises et brunes assurant le camouflage dans l'herbe sèche

Bandes claires brisant la silhouette

Dans un estuaire, l'eau du fleuve et celle de la mer se mêlent en créant un écosystème hautement productif. La plupart des milieux dépendent des végétaux pour produire leur énergie de base mais les estuaires bénéficient aussi d'un apport constant de boue, de limon, de déchets végétaux et autres matériaux organiques charriés par les cours d'eau et qui se combinent aux matériaux apportés par la marée. Ces particules peuvent empêcher la photosynthèse en troublant l'eau mais constituent elles-mêmes de riches ressources alimentaires. Cela permet aux quelques espèces supportant les variations de salinité de l'eau, c'est-à-dire sa teneur en sel, de prospérer dans les estuaires.

À plat

Le flet vit dans les estuaires où il se nourrit de vers, crustacés et mollusques, comme les coques. Le mélange d'eau douce et d'eau salée pose un problème à de nombreuses espèces, mais le flet supporte de telles variations de salinité, et on le trouve souvent loin en amont des cours d'eau.

Des mollusques recherchés

Certaines espèces des estuaires, comme la coque, se multiplient en profitant de l'abondante nourriture présente dans l'eau et la vase. Une telle productivité a conduit à l'exploitation commerciale de ce type de coquillage ou de crustacés comme les crevettes. Les coques et d'autres mollusques bivalves vivent dans la vase tapissant le fond des estuaires en aspirant la boue grâce à un siphon avant de la digérer.

Coque

Mâchoires et tentacules

Tubes renforcés

La vipère-de-mer est un curieux poisson que l'on rencontre à l'occasion dans les estuaires où il se nourrit de crustacés à l'aide de ses longues mâchoires tubulaires. La rigidité de son long corps mince est assurée par une couche de matériau à consistance osseuse située juste sous la peau.

Un filtre nourricier

Les néréides, dotées de puissantes mâchoires, se servent de leurs tentacules pour progresser dans l'eau vaseuse, en quête de vers et de petits poissons. Elles se servent des déchets du milieu pour élaborer une plaque de mucus limoneux utilisé pour filtrer la vase.

Poissons voyageurs

Les éperlans sont de petits poissons qui, comme les saumons, remontent les cours d'eau pour pondre. Les poissons qui quittent ainsi l'eau salée pour frayer sont dits anadromes. Certains subissent des modifications physiques dans l'estuaire pour supporter le changement de milieu.

Vipère-de-mer

Le delta du Gange

Les éléments nutritifs et le limon des eaux du delta tombent au fond pour former annuellement une riche couche épaisse de 2 mm.

Image satellite montrant les eaux limoneuses du delta du Gange au Bangladesh.

Exploiter le fond

Le mulet est un poisson capable de supporter divers taux de salinité. Il se nourrit d'algues fines et de déchets au fond de l'estuaire. Il absorbe la vase telle quelle et la triture ensuite dans son estomac musculeux aux épaisses parois. Il en extrait ainsi les moindres particules nutritives qu'il peut alors digérer.

Chasseur embusqué

Le bar capture d'autres poissons de pleine eau, ou pélagiques, comme les éperlans. À l'instar de nombreux autres prédateurs, il est capable de pointes de vitesse et est doté de dents acérées. Surtout marin, le bar est aussi euryhalin et supporte parfaitement l'eau saumâtre (légèrement salée) des estuaires.

Coquillages au menu

Certains limicoles, petits échassiers des rivages, consomment les mollusques en les brisant sur les galets ou en les ouvrant à l'aide de leur bec allongé.

Ces huîtriers pies en quête de mollusques sondent la vase.

Les épinoches d'eau douce ont moins de plaques protectrices que celles vivant en mer ; et celles peuplant les estuaires en possèdent un nombre intermédiaire.

La petite épinoche à trois piquants (à droite) se rencontre dans les estuaires de l'hémisphère Nord.

Fixer le limon

Les herbes du genre *Spartina* peuvent changer l'aspect des estuaires. Poussant rapidement sur le limon mouvant des hauts-fonds, elles permettent une accumulation progressive de vase. Des terres sont conquises sur l'eau lorsque d'autres plantes parviennent ensuite à s'installer.

Le milieu montagnard est rude, d'autant plus rude que l'altitude augmente. La température décroît d'environ 1°C tous les 150 m, le vent est plus fort et l'atmosphère s'appauvrit en oxygène. Les sols peu épais, les vents violents et les températures basses ont forcé les végétaux à adopter des formes rabougries aboutissant même à des variétés naines, aptes à supporter ces conditions. La plupart des montagnes sont couvertes de neige une partie de l'année, et les conditions qui y règnent peuvent rappeler celles des régions semi-polaires de toundra. Plusieurs espèces animales et végétales adaptées à la toundra ont d'ailleurs subsisté en montagne après le retrait des calottes glaciaires vers le nord à la fin de la dernière glaciation. Là, ces espèces ont trouvé des conditions leur permettant de continuer à prospérer et à évoluer en étant parfois coupées du reste de la population. La plupart des exemples présentés ici proviennent de l'Europe nordique.

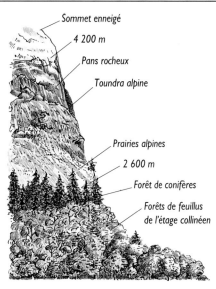

Étages de végétation sur la face sud d'une haute montagne des Alpes

Sommet enneigé
4 200 m
Pans rocheux
Toundra alpine
Prairies alpines
2 600 m
Forêt de conifères
Forêts de feuillus de l'étage collinéen

Les différents étages

Les arbres feuillus garnissent le piémont puis cèdent la place aux forêts de conifères capables de supporter l'augmentation du froid. À partir de 2 600 m, les prairies alpines, caractérisées par des végétaux ras à croissance lente, forment la végétation dominante. Entre les prairies et les neiges du sommet, situées au-dessus de 4 200 m, on trouve la toundra alpine surmontée de pans rocheux où plus aucune végétation ne peut survivre. Qu'une montagne soit située sous les tropiques ou en région tempérée, l'augmentation de l'altitude entraîne l'existence de différentes zones auxquelles correspondent des habitats naturels bien distincts.

Lichens témoins

Les lichens résultent de l'association entre une algue et un champignon. Chez beaucoup d'espèces, cette relation a sans doute d'abord été de type parasite, mais à présent chaque partenaire dépend de l'autre pour sa survie. En montagne, les lichens jouent un rôle important car ils sont les pionniers de la colonisation des roches et y favorisent l'implantation d'autres organismes. En outre, très sensibles à la qualité de l'air, ils peuvent servir d'indicateurs de la pollution atmosphérique. Peu de lichens poussent en ville ou dans les régions industrielles, mais plus on s'en écarte, plus la diversité des lichens augmente.

Cladonia sp.

Lichen fruticuleux indiquant un air pur

Cladonia coniocraea

Forme de feuille

Hypogymnia physodes

Cladonia sp.

Lichen foliacé

Les lichens bien développés indiquent une qualité de l'air satisfaisante.

Résistance à l'acidité

Le sol des régions montagnardes est souvent gorgé d'eau. Comme celle-ci est très pauvre en oxygène, la décomposition des matières végétales y est très peu active. L'accumulation des déchets végétaux non décomposés qui en résulte produit de la tourbe qui acidifie l'eau. Peu de végétaux, dont les sphaignes (ci-dessous), peuvent supporter un milieu aussi acide. Ces mousses poussent si densément qu'elles forment des « matelas » favorisant l'apparition de tourbe. Là où les bois sont gorgés d'eau, on a vu les sphaignes s'accumuler à tel point qu'elles ont fini par recouvrir totalement les arbres.

Sphaignes

Lichen foliacé

Champion aérien

Doté d'un vol rapide, le faucon émerillon est l'un des prédateurs de la chaîne alimentaire des hauteurs. Il capture en plein vol de petits oiseaux comme les bruants des neiges. En hiver, il étend son domaine de chasse aux champs, aux marais et aux côtes.

Migrateur

Le bruant des neiges est une espèce typique de la toundra d'Eurasie et d'Amérique du Nord. En hiver, il migre vers des régions plus méridionales.

Bruant des neiges en plumage hivernal

Blanc comme neige

Comme d'autres hôtes de la toundra, le lièvre variable est resté confiné aux régions montagneuses lorsque les glaces se sont retirées vers le nord à la fin de la dernière période glaciaire.

En hiver, le pelage du lièvre variable est blanc.

Un lent développement

La forme nordique du bombyx de la ronce est plus sombre que son homologue méridionale, ce qui lui permet d'absorber plus vite la chaleur solaire. Son cycle biologique est également adapté aux rigueurs du climat. Les œufs éclosent en fin d'été et les jeunes chenilles hibernent bientôt, jusqu'au printemps suivant. Les chenilles se nourrissent alors de bruyère fraîche et d'autres plantes. Elles se chrysalident ensuite pour passer l'hiver et les adultes font leur apparition au printemps de la troisième année.

Végétation typique

La bruyère couvre des secteurs situés sous la zone des éboulis dans les montagnes d'Europe. Le brûlage contrôlé de la bruyère favorise l'apparition des jeunes pousses que consomment en priorité les grouses, oiseaux d'Écosse.

Chenille du bombyx de la ronce

Galé odorant

Bruyère

Le marquage des poissons

Les écologues marquent un certain nombre de poissons dans le but d'évaluer la taille d'une population donnée. On peut estimer les effectifs à l'aide d'une formule reposant sur la fréquence avec laquelle sont repris les sujets marqués. Les taux de croissance relevés donnent des indications sur les conditions écologiques propres au milieu étudié. Le marquage permet également de réunir des informations sur les distances que peuvent parcourir les poissons.

Le milieu dulçaquicole, celui de l'eau douce, est plus variable que l'océan. Sa composition chimique est souvent affectée par le type de roches où coule le cours d'eau ou celui où un lac s'est formé. Là où existent des éléments nutritifs abondants favorisant la croissance de végétaux, on rencontre des animaux nombreux et variés : larves d'insectes, poissons et oiseaux. Les eaux riches en nutriments sont appelées « eutrophiques » et cet état peut être dû aux activités humaines par l'intermédiaire d'un apport excessif d'engrais (p. 17 et 21) ou d'autres formes de pollution. À l'opposé, les eaux non productives sont appelées « oligotrophes » et existent plutôt dans les régions élevées, notamment sur un fond de roches solides peu sujettes à l'érosion. Ces eaux sont souvent claires et riches en oxygène mais pauvres en vie aquatique. Par ailleurs, certains organismes vivent dans les eaux courantes alors que d'autres recherchent les eaux calmes et troubles des lacs.

Larves de phryganes

Indicateurs positifs

On trouve dans les cours d'eau une profusion de petits invertébrés qui s'abritent sous les pierres ou parmi les plantes. Beaucoup d'entre eux, comme les larves de phryganes, les nymphes de perles ou les vers rouges de vase, sont en fait des insectes ailés encore au stade larvaire. Certains de ces invertébrés sont très sensibles à la pollution. Grâce à eux, les écologues peuvent savoir si une rivière est polluée rien qu'en plongeant un filet dans l'eau un certain temps puis en comptant le nombre d'individus capturés de chaque espèce. À partir de ces relevés, un indice de diversité biologique peut être déterminé. L'impact de l'industrie, des eaux usées et d'autres activités liées à l'homme peut être régulièrement contrôlé à l'aide de cet indice biologique élémentaire. La présence des larves citées plus haut et celle des gammares témoignent de la pureté de l'eau.

Nymphes de perles

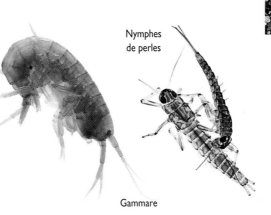

Gammare

À fleur d'eau...

Comme beaucoup de plantes des eaux courantes, la renoncule aquatique est adaptée pour résister à la force du courant. Elle enfonce de puissantes racines au fond, et ses feuilles ont de longues tiges qui épousent les remous. Les fleurs des renoncules aquatiques émergent au-dessus de la surface et s'épanouissent à l'air libre.

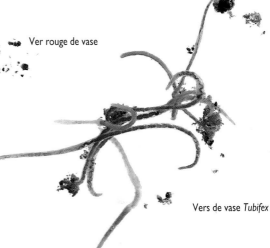

Ver rouge de vase

Tube respiratoire

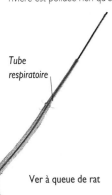

Ver à queue de rat

Indicateurs négatifs

Si la collecte des invertébrés dans un cours d'eau ne fournit que des espèces comme les vers à queue de rat, les vers rouges de vase et des vers de vase du genre *Tubifex*, on en déduit que l'eau est fortement polluée. Les autres invertébrés n'ont pas survécu, soit que leurs branchies externes aient été colmatées par des particules en suspension, soit qu'ils n'aient pu supporter la baisse du taux d'oxygène. Le ver à queue de rat (larve d'une espèce de mouche, l'éristale gluant) peut survivre dans ces conditions en captant l'air à la surface grâce à son tube respiratoire. Les *Tubifex* ont besoin de peu d'oxygène, car ils vivent d'autres éléments.

Vers de vase *Tubifex*

Eau bien aérée

Truite arc-en-ciel

Écrevisse

Eau moins agitée

Vairons

Cours supérieur

On peut classer les habitats dulçaquicoles en fonction des espèces typiques de poissons qui les fréquentent et trahissent les liens écologiques étroits entre les organismes et leur milieu. Le niveau supérieur d'un cours d'eau est souvent bien pourvu en oxygène et à courant rapide, ce qui assure les conditions idéales pour les truites et quelques autres poissons capables de tirer parti de ce milieu. Des conditions similaires existent en plaine, là où l'eau riche en calcium et en oxygène jaillit de sources souterraines. C'est ici le domaine de l'écrevisse et de la truite arc-en-ciel.

Cours moyen

Plus en aval, l'eau continue à couler assez vite mais, comme la rivière s'élargit et que la pente devient plus faible, des dépôts commencent à garnir le fond. Dans les anses à l'écart du courant, des couches de limon et de boue peuvent s'accumuler. Là, dans l'eau ralentie, des plantes comme la renoncule aquatique (à gauche) peuvent faire pénétrer leurs racines afin de s'ancrer. Les petits invertébrés (larves d'insectes, crustacés et vers) qui vivent parmi les plantes fournissent d'abondantes ressources nutritives aux petits poissons se nourrissant au fond, comme les vairons.

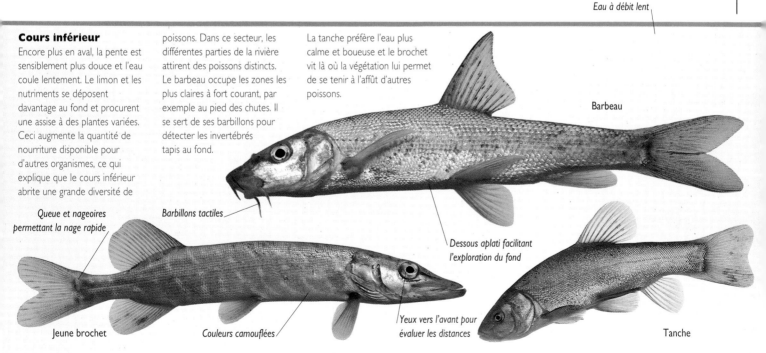

Eau à débit lent

Cours inférieur

Encore plus en aval, la pente est sensiblement plus douce et l'eau coule lentement. Le limon et les nutriments se déposent davantage au fond et procurent une assise à des plantes variées. Ceci augmente la quantité de nourriture disponible pour d'autres organismes, ce qui explique que le cours inférieur abrite une grande diversité de poissons. Dans ce secteur, les différentes parties de la rivière attirent des poissons distincts. Le barbeau occupe les zones les plus claires à fort courant, par exemple au pied des chutes. Il se sert de ses barbillons pour détecter les invertébrés tapis au fond. La tanche préfère l'eau plus calme et boueuse et le brochet vit là où la végétation lui permet de se tenir à l'affût d'autres poissons.

Barbeau

Barbillons tactiles

Dessous aplati facilitant l'exploration du fond

Queue et nageoires permettant la nage rapide

Jeune brochet

Couleurs camouflées

Yeux vers l'avant pour évaluer les distances

Tanche

Les forêts pluviales tropicales sont en permanence chaudes et humides, si bien que fruits et graines y sont disponibles toute l'année. Dans ces conditions à peu près stables, la faune et la flore ont pu se diversifier plus que partout ailleurs sur Terre. Dans les écosystèmes tempérés on trouve peu d'espèces mais chacune est bien représentée. Dans la forêt tropicale, les espèces sont nombreuses mais leurs effectifs sont moins importants. Dans les régions tempérées, le principal réservoir d'éléments nutritifs est le sol. Dans la forêt tropicale, les éléments nutritifs libérés dans le sol sont rapidement absorbés par les végétaux, au détriment du sol. Les arbres constituent la réserve nutritive et leur disparition provoque la désorganisation de l'écosystème.

Le boa de Cook vit dans la canopée des forêts du nord de l'Amérique du Sud.

Ses fossettes faciales, sensibles à la chaleur, lui permettent de localiser ses proies.

En un éclair

Tout comme les singes, le boa de Cook se sert de sa forte queue préhensile pour progresser dans les arbres. Prenant appui sur sa queue enroulée, il s'étend en avant, entoure une branche de l'avant de son corps, puis n'a plus alors qu'à se hisser. Depuis un affût bien choisi, il guette ses proies, comme les chauves-souris fer-de-lance. Dès qu'il en a repéré une, il se détend brusquement et la capture en plein vol.

Fossette faciale sensible à la chaleur

Le paresseux est la proie des jaguars ou des grands aigles forestiers.

Curieux mammifère

Le paresseux à trois doigts se suspend aux branches à l'aide de ses longues et robustes griffes. Il se déplace lentement dans la canopée et ne descend à terre que rarement. Sa nourriture est constituée de feuilles de cecropia, dont il est le principal consommateur. Son camouflage est en partie assuré par des algues vertes qui poussent sur sa fourrure humide.

Le massacre

Chaque année, une portion de forêt tropicale de la taille de la Belgique est détruite, le plus souvent pour céder la place à l'élevage ou à l'agriculture bien que quatre ans plus tard le sol ainsi conquis de la sorte soit inutilisable. Une partie de la faune et de la flore qui disparaît ainsi pourrait pourtant avoir une valeur économique et de nombreuses espèces n'ont même jamais été décrites.

Arbres dominants

Canopée

Strate intermédiaire

Strate arbustive

Strate muscinale

L'étagement forestier

La canopée de la forêt tropicale pluviale forme une sorte de plate-forme de branches ininterrompue. Comme cette strate élevée bénéficie du meilleur ensoleillement, c'est là que prospèrent les fruits et les fleurs, ainsi que les animaux qui en vivent. Les végétaux moins exigeants en lumière croissent en dessous, dans la pénombre. Au niveau du sol, on trouve les quelques plantes susceptibles de se développer lorsqu'un grand arbre meurt en laissant pour un temps la lumière pénétrer le sous-bois.

Évaluer la diversité

La collecte des animaux en forêt tropicale est délicate. Nombre d'entre eux sont camouflés et beaucoup vivent dans la canopée. Le sac que tient ce chercheur contient une masse d'insectes, mais cela ne représente en réalité qu'une infime fraction des insectes présents dans ce secteur forestier. Malgré cela, cet échantillon réunit sans doute des milliers d'espèces dont certaines sont peut-être encore inconnues. On exprime la variété des espèces présentes dans un écosystème par la notion de biodiversité, et l'importance de la biodiversité est l'une des principales caractéristiques des forêts tropicales pluviales.

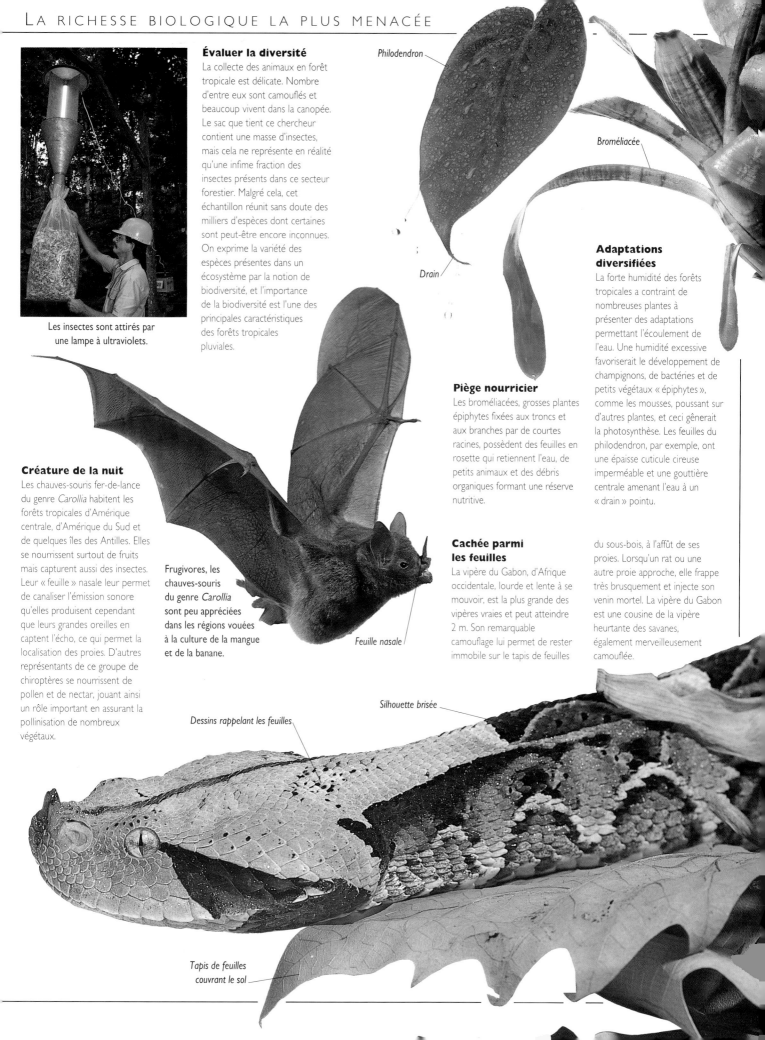

Les insectes sont attirés par une lampe à ultraviolets.

Philodendron

Bromeliacée

Drain

Adaptations diversifiées

La forte humidité des forêts tropicales a contraint de nombreuses plantes à présenter des adaptations permettant l'écoulement de l'eau. Une humidité excessive favoriserait le développement de champignons, de bactéries et de petits végétaux « épiphytes », comme les mousses, poussant sur d'autres plantes, et ceci gênerait la photosynthèse. Les feuilles du philodendron, par exemple, ont une épaisse cuticule cireuse imperméable et une gouttière centrale amenant l'eau à un « drain » pointu.

Piège nourricier

Les broméliacées, grosses plantes épiphytes fixées aux troncs et aux branches par de courtes racines, possèdent des feuilles en rosette qui retiennent l'eau, de petits animaux et des débris organiques formant une réserve nutritive.

Créature de la nuit

Les chauves-souris fer-de-lance du genre *Carollia* habitent les forêts tropicales d'Amérique centrale, d'Amérique du Sud et de quelques îles des Antilles. Elles se nourrissent surtout de fruits mais capturent aussi des insectes. Leur « feuille » nasale leur permet de canaliser l'émission sonore qu'elles produisent cependant que leurs grandes oreilles en captent l'écho, ce qui permet la localisation des proies. D'autres représentants de ce groupe de chiroptères se nourrissent de pollen et de nectar, jouant ainsi un rôle important en assurant la pollinisation de nombreux végétaux.

Frugivores, les chauves-souris du genre *Carollia* sont peu appréciées dans les régions vouées à la culture de la mangue et de la banane.

Feuille nasale

Cachée parmi les feuilles

La vipère du Gabon, d'Afrique occidentale, lourde et lente à se mouvoir, est la plus grande des vipères vraies et peut atteindre 2 m. Son remarquable camouflage lui permet de rester immobile sur le tapis de feuilles du sous-bois, à l'affût de ses proies. Lorsqu'un rat ou une autre proie approche, elle frappe très brusquement et injecte son venin mortel. La vipère du Gabon est une cousine de la vipère heurtante des savanes, également merveilleusement camouflée.

Silhouette brisée

Dessins rappelant les feuilles

Tapis de feuilles couvrant le sol

Écologiquement, les premiers hommes ressemblaient beaucoup aux autres espèces. Ils faisaient partie d'un réseau trophique, sans doute comme consommateurs primaires (p. 10-11) mais en étant aussi consommés à leur tour par des consommateurs secondaires plus puissants qu'eux. Avec le développement des outils, l'usage du feu et des facultés à communiquer accrues, les hommes progressèrent dans la pyramide alimentaire en devenant chasseurs, donc consommateurs secondaires ou tertiaires. Mais leurs effectifs restaient limités par l'énergie disponible au niveau trophique inférieur.

La domestication des plantes sauvages

Ces différentes espèces de graminées montrent quelques-unes des étapes de l'évolution ayant conduit des souches sauvages au blé actuel. Les modifications ont été le résultat de la sélection artificielle, les populations choisissant les semences des plantes qui donnaient les plus grosses graines ou présentaient d'autres qualités recherchées. Le blé procure maintenant une part essentielle de l'alimentation humaine. D'autres céréales ont été élaborées dans différentes parties du monde, mais toutes étaient des graminées. · L'agriculture a fondamentalement modifié les relations entre l'homme et son environnement en créant des ressources alimentaires à peu près prévisibles, se prêtant au stockage et utilisables selon les besoins. L'homme est ainsi devenu moins directement dépendant des conditions naturelles, des modes de vie plus stables se sont développés, les civilisations se sont épanouies, les techniques agricoles se sont sans cesse améliorées et la population du globe s'est mise à augmenter.

Blé poulard – croisement entre l'engrain et une graminée sauvage

Engrain sauvage, ancêtre de l'engrain

Les premiers cultivateurs

Même avec une large gamme de capacités et d'outils, les chasseurs-cueilleurs ne pouvaient dépasser la capacité de charge du milieu (p. 32-33). La culture organisée de céréales modifia tout cela en permettant aux hommes d'accroître la productivité de la terre et d'échapper aux contraintes de la chaîne alimentaire. À lui seul, ce progrès a rendu les hommes écologiquement différents de toutes les autres espèces.

Mèche à feu africaine primitive

Énergies nouvelles

Une fois capables de maîtriser le feu, les premiers hommes se sont mis à exploiter de nouvelles sources d'énergie présentes dans leur milieu. La cuisson de certains aliments les rendait en effet comestibles.

Chasse et cueillette

Durant leur histoire, les hommes ont été des chasseurs-cueilleurs au mode de vie reposant sur la récolte d'éléments végétaux sauvages, tels les graines et les fruits riches en énergie, et la capture complémentaire d'animaux. Certains aborigènes australiens vivent encore ainsi. Un tel mode de vie exige une parfaite connaissance du milieu naturel, de ses caractéristiques propres et des changements saisonniers. Dans ces conditions, l'harmonie avec le milieu est totale. Toutefois, la sédentarité est rendue impossible car les chasseurs-cueilleurs doivent sans cesse exploiter de nouvelles sources de nourriture.

Graines d'engrain

Engrain – principale céréale dans l'Antiquité gréco-romaine

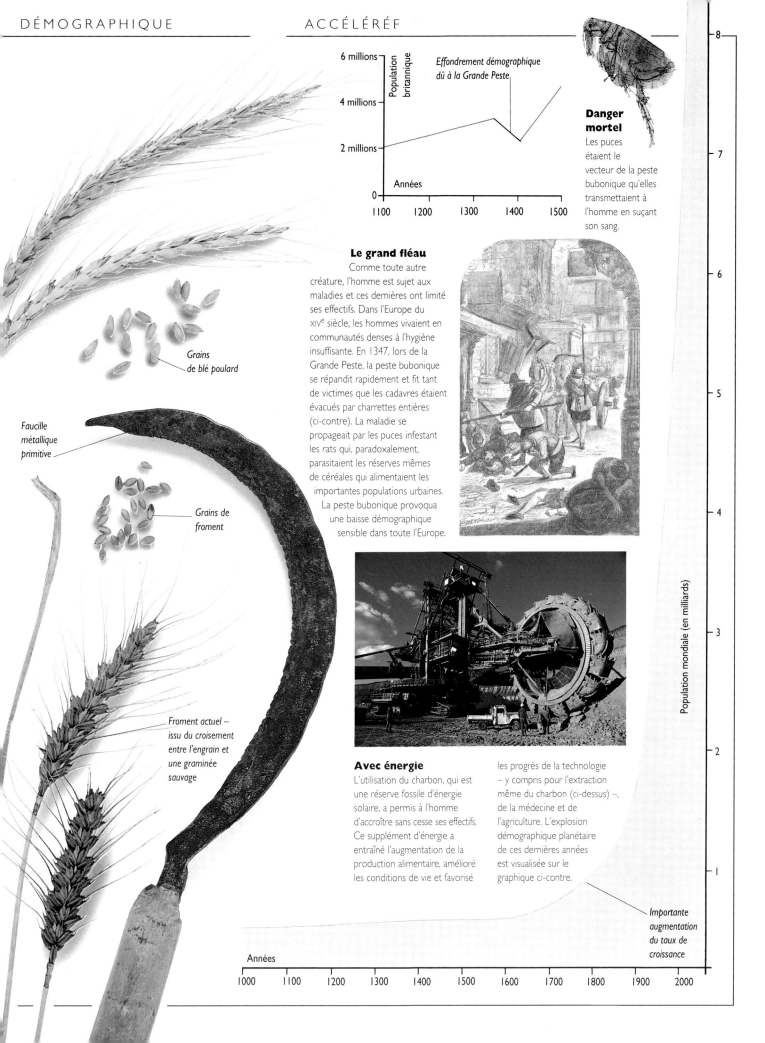

Population britannique

Effondrement démographique dû à la Grande Peste

6 millions

4 millions

2 millions

0

Années

1100   1200   1300   1400   1500

Grains de blé poulard

Faucille métallique primitive

Grains de froment

Froment actuel – issu du croisement entre l'engrain et une graminée sauvage

Danger mortel
Les puces étaient le vecteur de la peste bubonique qu'elles transmettaient à l'homme en suçant son sang.

Le grand fléau
Comme toute autre créature, l'homme est sujet aux maladies et ces dernières ont limité ses effectifs. Dans l'Europe du XIVᵉ siècle, les hommes vivaient en communautés denses à l'hygiène insuffisante. En 1347, lors de la Grande Peste, la peste bubonique se répandit rapidement et fit tant de victimes que les cadavres étaient évacués par charrettes entières (ci-contre). La maladie se propageait par les puces infestant les rats qui, paradoxalement, parasitaient les réserves mêmes de céréales qui alimentaient les importantes populations urbaines. La peste bubonique provoqua une baisse démographique sensible dans toute l'Europe.

Avec énergie
L'utilisation du charbon, qui est une réserve fossile d'énergie solaire, a permis à l'homme d'accroître sans cesse ses effectifs. Ce supplément d'énergie a entraîné l'augmentation de la production alimentaire, amélioré les conditions de vie et favorisé les progrès de la technologie – y compris pour l'extraction même du charbon (ci-dessus) –, de la médecine et de l'agriculture. L'explosion démographique planétaire de ces dernières années est visualisée sur le graphique ci-contre.

Population mondiale (en milliards)

Importante augmentation du taux de croissance

Années

1000   1100   1200   1300   1400   1500   1600   1700   1800   1900   2000

Depuis la Révolution industrielle des XVIIIᵉ et XIXᵉ siècles, l'impact de l'homme sur l'environnement a été considérable. L'usage de combustibles fossiles a pollué des régions étendues et sensiblement dégradé l'atmosphère. La technologie industrielle a attiré des millions de ruraux vers les nouvelles villes, et les progrès de la mécanisation ont sévèrement réduit le nombre des personnes vivant de l'agriculture. L'utilisation d'engrais et de pesticides a fait augmenter la production agricole et permis de nourrir la population croissante, mais ces produits ont aussi eu des effets négatifs. Les conséquences de ces rapides changements ne pouvaient être prévues. Aujourd'hui, l'écologie permet de savoir comment l'homme influe sur son environnement et de rechercher les moyens de réparer les dégâts causés jusque-là.

Précautions

Dans certaines villes, les cyclistes et les piétons éprouvent déjà le besoin de se protéger contre la pollution atmosphérique. Ce masque protecteur s'applique aux effets des problèmes d'environnement mais les causes mêmes de nombre de ces problèmes, telle la quantité excessive de véhicules en circulation au même endroit, sont beaucoup plus délicates à maîtriser.

Des comportements à courte vue

Les besoins alimentaires accrus et les progrès technologiques en matière de pêche font peser une énorme pression sur les populations de poissons. La surpêche a causé la perte de certaines pêcheries, comme celles des harengs en mer du Nord ou des anchois au large des côtes péruviennes. Les écologues insistent pourtant sur la nécessité pour les poissons de se reproduire en nombre suffisant pour garantir leur survie. Malheureusement, la valeur des prises passe souvent avant la nécessité de préserver l'avenir. Ceci peut aboutir à un désastre pour les poissons et ceux qui en vivent. La solution consisterait à ne prélever que le surplus disponible (p. 63).

Les excès de la pêche industrielle risquent d'entraîner la disparition de certaines espèces de poissons.

Pollution de l'air

Ces cheminées et ces tours de refroidissement crachant des panaches de fumée et de vapeur issues de l'industrie, des usines chimiques et des centrales, sont de nos jours une image traditionnelle des régions industrielles. Les atteintes à l'environnement qui en résultent ne sont, hélas! que trop bien connues.

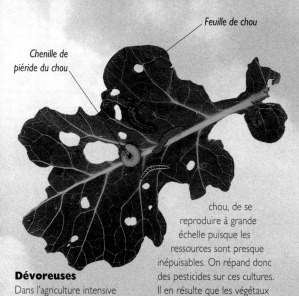

Feuille de chou

Chenille de
piéride du chou

Les insectes ravageurs peuvent
aujourd'hui être combattus par
des méthodes biologiques.

Rachel Carson
(1907-1964)

L'apprenti sorcier

Au lendemain de la Seconde
Guerre mondiale, un nouveau
type d'insecticides, dont le DDT,
fut utilisé comme arme radicale
dans le combat contre les
insectes nuisibles et pour
l'augmentation des rendements
agricoles. Personne ne prit en
compte les effets que ces
produits, non biodégradables,
pourraient avoir sur
l'environnement et les autres
êtres vivants. En 1962, le livre
de Rachel Carson, *Le Printemps
silencieux*, attira l'attention sur
les ravages dus à ces produits
chimiques. Dans son ouvrage,
Rachel Carson présentait des
preuves démontrant que les
insecticides ne tuaient pas
que les insectes. Les
consommateurs secondaires
mangeaient les insectes
traités et emmagasinaient
en eux les insecticides. Ces
derniers se concentraient
davantage à chaque degré
de la pyramide alimentaire,
mettant en danger les êtres
vivants situés à son sommet,
l'homme y compris.

Dévoreuses

Dans l'agriculture intensive
moderne, on cultive souvent
une même espèce végétale sur
d'immenses surfaces. Une telle
concentration de nourriture
permet à certaines espèces
nuisibles, comme la piéride du
chou, de se
reproduire à grande
échelle puisque les
ressources sont presque
inépuisables. On répand donc
des pesticides sur ces cultures.
Il en résulte que les végétaux
traités contiennent des produits
potentiellement dangereux pour
l'homme et qui s'infiltrent peu à
peu dans l'environnement. En
outre, les espèces visées finissent
par résister à ces substances.

Danger à l'air libre

De nombreux produits de
l'industrie chimique, dont les
plastiques et certains métaux,
ne peuvent être détruits par
les décomposeurs. Ils subsistent
dans l'environnement. Encore
plus grave est le rejet de
toxiques chimiques et les
décharges sauvages
dangereuses pour
l'environnement et l'homme.
Beaucoup pensent que, tant
que l'on ne sait pas les éliminer,
ces produits chimiques ne
devraient pas être fabriqués.

La théorie de Gaia

Cette théorie repose sur l'idée que la Terre est un organisme autorégulé capable de s'adapter aux changements pour assurer sa survie. Cela sous-entend que la vie sur Terre continuera, quoi qu'y fasse l'homme. Le problème est que l'homme pourrait bien ne pas faire partie des formes de vie subsistantes.

En 1979, James Lovelock, chercheur anglais mais non écologue, a proposé une théorie de la vie à laquelle il a donné le nom de la déesse grecque de la Terre, Gaia.

L'homme est à présent l'être vivant dont l'impact sur la planète est le plus important. Nos activités, de l'utilisation de l'énergie et de l'extraction de minerais à l'agriculture, l'industrie et l'urbanisation, ont pris une telle ampleur que l'environnement en est sérieusement affecté. La composition de l'atmosphère change. L'eau est polluée à tous les stades du cycle hydrologique. Des produits chimiques, souvent toxiques, sont utilisés dans l'agriculture et dans d'innombrables activités industrielles. Les animaux marins sont chassés ou pêchés malgré leur diminution. De précieuses ressources sont emmagasinées dans des produits de grande consommation dont bien peu sont recyclés. Les effets des activités humaines sont multiples et variés mais ont tous un point commun. Leurs conséquences à long terme ne peuvent être déterminées sans une exacte compréhension des modes complexes de fonctionnement de la biosphère. Bien que l'écologie ne soit pas initialement destinée à résoudre les problèmes d'environnement, son but est néanmoins de parfaire notre connaissance des relations existant entre les êtres vivants et entre ceux-ci et le monde physique. Les écologues proposent déjà des moyens pour rendre les besoins de l'humanité compatibles avec l'environnement et, en considérant les implications écologiques liées au fait que l'homme fait tout sauf résoudre ces problèmes, nous devons mettre à profit ce savoir.

Escargot *Euglandina*

Escargots *Partula*

Escargot africain géant

Les limites de la lutte biologique

L'escargot africain géant, ou achatine, représenté ici grandeur nature, fut introduit sur des îles du Pacifique Sud pour y être consommé mais il s'y attaqua à la végétation et même aux cultures. Pour lutter contre ce fléau, on introduisit alors l'escargot *Euglandina*, plus petit mais prédateur, dans l'espoir qu'il limiterait les effectifs des achatines en mangeant leurs œufs. Malheureusement, l'escargot carnivore s'en prit en fait aux escargots du genre *Partula*, encore plus petits. Ces escargots indigènes disparurent totalement de certaines îles. On tente maintenant de remédier à la situation grâce à un programme international d'élevage, et les escargots *Partula* sont progressivement restitués à leurs habitats originels. Une absence de compétences écologiques a conduit les *Partula* au bord du gouffre, et c'est l'écologie qui les a sauvés.

Le sauvetage du bison d'Amérique fut entrepris dès 1905.

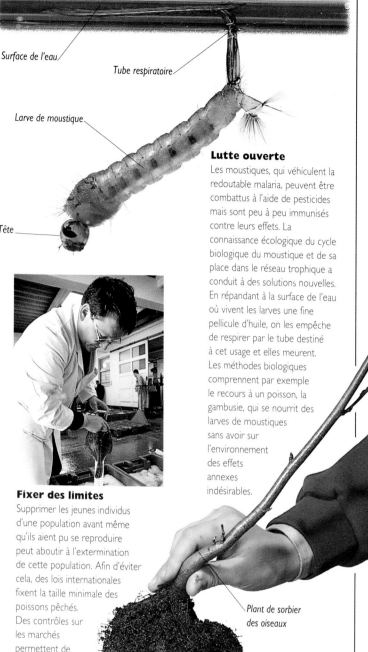

Surface de l'eau

Tube respiratoire

Larve de moustique

Tête

Sauvé de l'extinction

Le sauvetage du bison d'Amérique, alors que cet animal était proche de l'extinction, est un cas exemplaire de protection. Conscients de l'urgence de la situation, quelques responsables mirent au point un programme d'élevage qui aboutit au lâcher d'un troupeau dans une réserve. Près d'un siècle plus tard, les accords internationaux sont à la base de la politique de protection de la nature. Néanmoins, de tels accords ne peuvent réussir que s'ils reposent sur un solide fondement écologique.

Fumée d'ivoire

L'éléphant d'Afrique, sérieusement menacé, a bénéficié d'une certaine protection grâce à la création de parcs nationaux. Malgré cela, la menace du braconnage subsiste. Les braconniers peuvent tirer un bon prix des défenses d'éléphant sur le marché parallèle de l'ivoire. L'accord international sur l'interdiction du commerce de l'ivoire offre une chance de survie à l'éléphant. Le président du Kenya a franchi un pas spectaculaire en faisant brûler le stock d'ivoire confisqué dans son pays, afin de montrer à ceux qui vivent de cette industrie qu'il n'y aurait plus de matière première pour eux.

Lutte ouverte

Les moustiques, qui véhiculent la redoutable malaria, peuvent être combattus à l'aide de pesticides mais sont peu à peu immunisés contre leurs effets. La connaissance écologique du cycle biologique du moustique et de sa place dans le réseau trophique a conduit à des solutions nouvelles. En répandant à la surface de l'eau où vivent les larves une fine pellicule d'huile, on les empêche de respirer par le tube destiné à cet usage et elles meurent. Les méthodes biologiques comprennent par exemple le recours à un poisson, la gambusie, qui se nourrit des larves de moustiques sans avoir sur l'environnement des effets annexes indésirables.

Fixer des limites

Supprimer les jeunes individus d'une population avant même qu'ils aient pu se reproduire peut aboutir à l'extermination de cette population. Afin d'éviter cela, des lois internationales fixent la taille minimale des poissons pêchés. Des contrôles sur les marchés permettent de vérifier le respect des règlements en vigueur.

Plant de sorbier des oiseaux

Repartir à zéro

La plantation d'un arbre a acquis une considérable valeur symbolique en matière de protection de l'environnement, et cela pour d'excellentes raisons écologiques. Le reboisement représente en effet une renaissance, mais c'est aussi une solution efficace à de nombreux problèmes d'environnement. Dans bien des régions, l'abattage des arbres a entraîné l'érosion du sol ou même la désertification. De nouveaux arbres peuvent aider le sol à se reconstituer. Les arbres absorbent en outre le gaz carbonique et contribuent ainsi à diminuer le taux de ce gaz dans l'atmosphère. Enfin, les forêts de feuillus offrent un habitat à une large variété d'espèces, contrairement aux vastes plantations de conifères.

ACCORDS INTERNATIONAUX

Convention sur la préservation des zones humides d'importance internationale, dite Convention de Ramsar : élaborée en 1971 afin d'assurer la sauvegarde des milieux humides naturels.

Convention sur le commerce international des espèces de faune et de flore menacées d'extinction, dite Convention de Washington, ou encore CITES (Convention on International Trade in Endangered Species of Wild Fauna and Flora) : signée par 10 pays en 1975, elle compte aujourd'hui une centaine d'états membres et est considérée comme la pièce maîtresse en matière de législation relative à la protection de la nature.

Convention sur la conservation des espèces migratrices appartenant à la faune sauvage, dite Convention de Bonn : élaborée en 1979, elle engage les pays signataires à protéger les espèces migratrices sur leur territoire.

Convention de Berne : conclue en 1979, elle concerne les 21 pays membres du Conseil de l'Europe et vise à assurer la conservation de la vie sauvage et des milieux naturels d'Europe.

GRANDS ORGANISMES

L'UNESCO (Organisation des Nations Unies pour l'éducation, la science et la culture) : organisme qui a mis au point un « programme sur l'Homme et la biosphère » visant à protéger toute région naturelle écologiquement viable tout en permettant une utilisation raisonnable et scientifique des écosystèmes concernés.

Le Fonds mondial pour la nature (WWF) : cet organisme privé, créé en 1961, s'occupe de la protection des espèces animales et végétales et de la conservation des milieux naturels dont elles dépendent.

En 1980, le Fonds mondial pour la nature, l'Union internationale pour la conservation de la nature (qui supervise le réseau mondial des parcs et réserves) et le Programme des Nations Unies pour l'environnement (PNUE) ont lancé le « Programme mondial de la conservation de la nature » visant à assurer la protection des processus écologiques fondamentaux et des cycles naturels, à conserver la diversité génétique des espèces, à préserver forêts, prairies, lieux de pêche et animaux sauvages.

Le C.N.R.S. (Centre national de la recherche scientifique) : créé en 1939, cet établissement public compte plusieurs laboratoires traitant plus ou moins dirtectement d'écologie fondamentale, depuis la génétique des peuplements jusqu'à l'écologie des populations.

Le Muséum national d'histoire naturelle : plusieurs laboratoires relevant de cet établissement se livrent à des activités de recherche en matière d'écologie, tant végétale qu'animale.

REMERCIEMENTS

Dorling Kindersley tient à remercier :
Mike Quorm, Robin James et l'équipe du Weymouth Sea Life Centre, Clifton Nurseries (Maida Vale), Michael Exeter du National Rivers Authority (Thames Region), Sue Dewar, Frank Greenaway, Mark O'Shea, Peter Rodway et Henry Schofield pour leurs conseils et leurs prêts d'animaux et de plantes à photographier ; Martin Stenning de l'University of Sussex pour ses conseils techniques sur l'équipement scientifique ; Sharon Jacobs pour ses corrections ; Jane Burton, Peter Chadwick, Phil Crabb, Philip Gatward, Steve Gorton, Dave King, C. Laubscher, Andrew McRobb, Steve Schott, Karl Shone, Clive Streeter et Kim Taylor pour les photographies complémentaires.

Jane Parker pour l'index.
Illustrations : Stephen Bull, Richard Ward et Dan Wright

Note de l'éditeur
Aucun animal n'a subi de préjudice lors de la préparation de cet ouvrage.

Les éditions Gallimard tiennent à remercier :
Philippe J. Dubois

ICONOGRAPHIE

h = haut ; b = bas ;
c = centre ; g = gauche ;
d = droite

Associated Press 63cg ; Bettman 6ghd ; Camera Press/William Vandivert 30hg ; Carnegie Institution of Washington 34hg ; Bruce Coleman/David R. Austen 59bd ; /Jane Burton 27cg, 32hd ; /John Cancalosi 41bg ; /Alain Compost 25bc ; /Peter Davey 49h, 49cg ; /Francisco J. Erize 25cg ; /Dr Inigo Everson 12hg ; /M. P. L. Fogden 40c, 56cd ; /Jeff Foott 19c, 29hd, 63hg ; /Oliver Langrand 53hg ; /Gordon Langsbury 53c ; /Luiz Claudio Marigo 57hg ; /M. Timothy O'Keefe 15hd ; /Dr Norman Pye 21cd ; /Hans Reinhard 17cg, 27hc, 41hd ; /Leonard Lee Rue 48cd ; /Nancy Sefton 47cg ; /Uwe Walz 51cg ; /Bill Wood 47b ; /G. Ziesler 16cg ; Ecoscene 56b ; /J. Farmar 11cd ; /Andrew D. R. Brown 23c ; Mary Evans Picture Library 15hg, 59cd ; Frank Greenaway 12hd, 36b, 37hg, 37cd, 37bg ; Greenpeace/Germain 63cd ; Hulton Deutsch 7hg ; Image Bank/Jules Zalon 13hc. Sandy Lovelock 62hd ; National Academy of Sciences, Washington 32cg ; NHPA/Andy Callow 37hd ; /Scott Johnson 47cd ; Oxford Scientific Films 16hg, 19bd, 38c, /Animals Animals 27bg, et Doug Wechsler 13hd ; /Kathie Atkinson 27hd, 32hg, 38hg ; /J. A. Cooke 3gc ; /Laurence Gould 24bc ; /Alastair MacEwen 29hd ; /John McCammon 29bg ; /Richard Packwood 21hg ; /Michael W. Richards 32c ; /Frithjof Skibbe 25cd ; /Harold Taylor 9hd, 12bd, 13bg ; /David Thompson 31bg ; /Ronald Toms 20bg, 54hg ; /Kim Westerskov 60, 60c. Planet Earth Pictures/Ken Lucas 41hg ; /Steve Nicholls 54cd ; /James D. Watt 39ch ; /Panos Pictures/Trygve Bolstad 23b ; /Heidi Bradner 61bg ; Royal Society/Dr Eric Hulten 36hg ; Science Photo Library/John Burbridge 59hd ; /Dr Gene Feldman, NASA GSFC 39hd ; /Adam Hart-Davis 20cg ; NASA 51hd ; /Dr David Patterson 27hg ; University of Georgia, USA 9cd ; Zefa/P. Raba 40hg ; /D. Baglin 58bg.